Die Gärten von Schloss Trauttmansdorff

Pflanz dir was!

Mediterranes und Exotisches für Garten und Balkon

Edition RAETIA

Inhaltsverzeichnis

6 Vorwort: Immer etwas los
8 Die Gärten von Schloss Trauttmansdorff: Der etwas andere botanische Garten
10 Tipps zur Gartengestaltung: Der Spagat zwischen wohlgeordnet und wild
170 Starke Pflanzen: Pflanzenstärkung und Schädlingsbekämpfung
182 Attraktivitätszeitpunkte im Überblick

Anwendungstipps

59 Osmanthus-Tee
59 Granatapfel-Orangen-Saft
79 Indianerbananen-Schoko-Muffins
99 Lavendelkekse
115 Eingelegte Oliven
151 Erdbeerbaummarmelade
167 Zitronen-Badesalz

Dekotipps

54 Hängeampel: Schön abhängen
55 Paletten-Garten
73 Hortensien trocknen
74 Miniterrarium: Ein Garten im Glas
95 Winterstrauß mit Kamelien
125 Perückenstrauch-Kranz
130 Kokedama: Hängende Pflanzen
137 Salbei-Schubkarren
147 Tischdeko aus Birkenholz
158 Karnivoren-Minimoor

24
Amerikanischer Blumen-Hartriegel:
Faszinierende Blütenexplosion

42
Chinesische Hanfpalme:
Urlaubsfeeling für daheim

60
Freilandsukkulenten:
Sonnenhungrige Wasserspeicher

28
Ananasguave:
Exotische Köstlichkeit

32
Artischocke:
Prächtige Distel

38
Bambus:
Zwerge und Riesen

46
Chinesische Winterblüte:
Winterlicher Glücksbringer

50
Dahlien:
Blühendes Revival

56
Duftblüte:
Himmlische Düfte ...

66
Granatapfel:
Frucht der Aphrodite

70
Hortensien:
Schattenliebende Allrounder

76
Indianerbanane:
Banane des Nordens

80
Japanischer Losbaum:
Blickfang und Dufterlebnis

84
Japanorchidee:
Exotische Schönheit

90
Kamelien:
Asiatische Eleganz

108
Mutabilis-Rose:
Zarte Verwandlungskünstlerin

112
Olivenbaum:
Mediterraner Methusalem

118
Passionsblumen:
Strahlende Schönheiten

138
Schönfrucht:
Liebesperlen als Winterschmuck

144
Tulpen:
Zierlich-wilde Frühjahrsblüher

148
Westlicher Erdbeerbaum:
Die Trikolore am Baum

96
Lavendel:
Mittelmeer-Feeling für zu Hause

100
Lotosblumen:
Die Blumen des Buddha

104
Mittelmeer-Zypresse:
Symbol des Südens

122
Perückenstrauch:
Leuchtender Wuschelkopf

126
Rosa Haargras:
Herbstliche Schleierwolke

132
Salbei:
Die farbenfrohe Welt des Salbeis

152
Winterharte Karnivoren:
Killerpflanzen

160
Zieräpfel:
Klein, aber fein

164
Zitruspflanzen:
Wo die Zitronen blühn ...

Immer etwas los

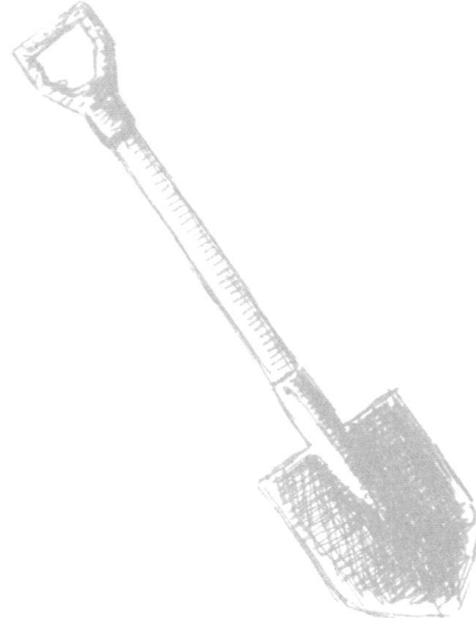

Die Gärten von Schloss Trauttmansdorff in Meran erstrecken sich auf zwölf Hektar und zeigen über 80 Gartenlandschaften mit Pflanzen aus aller Welt, darunter mediterrane und exotische Pflanzenschönheiten, die im milden Klima der Stadt Meran bestens gedeihen. Die Gärten wurden 2001 eröffnet und feiern 2021 ihren 20. Geburtstag. In den vergangenen Jahren sind nicht nur die Pflanzen im Garten stark gewachsen, sondern auch Wissen und Erfahrung unserer Gärtnerinnen und Gärtner. Auf den folgenden Seiten stellen wir deshalb eine Auswahl unserer Lieblingspflanzen vor und verraten Tipps zu Pflege, Standort, Überwinterung und Verwendung. Einige spezielle Dekotipps für drinnen und draußen sind auch dabei.

Dieses Buch richtet sich an alle Gartenfreunde, die nach Inspirationen suchen. Es ist hilfreich für jene, die einen Garten – ob groß oder klein – neu anlegen oder ihren bereits bestehenden Garten bereichern möchten. Und selbst für jene, die keinen Garten, dafür aber einen Balkon oder eine Terrasse besitzen, kann es von Nutzen sein. Einige der beschriebenen Pflanzen sind frostempfindlich, lassen sich aber auch nördlich der Alpen im Kübel ziehen, wenn sie ein geeignetes Winterquartier haben. Die Pflanzen im Buch sind einfach zu kultivieren. Achte bei deiner Auswahl darauf, ob die Pflanzen mit den Standortbedingungen und dem lokalen Klima zurechtkommen.

Wir beschreiben in diesem Buch vor allem immergrüne und sommergrüne Gehölze aus dem Mittelmeergebiet, Ostasien und Nordamerika. Dazu kommen Zwiebel- und Knollenpflanzen, die im Frühjahr für bunte Farbtupfer sorgen. Bambus, Gräser, Sukkulenten, fleischfressende Pflanzen und viele andere mehr erweitern das übliche Pflanzensortiment unserer Gärten und Balkone. Dies war Ansporn und Auswahlkriterium bei der Zusammenstellung

des Buches: Die ausgewählten Pflanzen bestechen entweder durch ihre Blütenpracht, ihre tolle Herbstfärbung, ihren betörenden Duft oder ihre farbenfrohen oder essbaren Früchte. Manche zeigen sich in der warmen Jahreszeit von ihrer schönsten Seite, andere blühen gar im Herbst und Winter oder sind das ganze Jahr über eine Augenweide. Wenn du die richtigen Pflanzen auswählst und kombinierst, ist in deinem Garten immer etwas los!

Informationen zur Gartengestaltung gibt es im ersten Kapitel. Mit diesem Buch möchten wir dich außerdem dazu anregen, naturnah zu gärtnern. Im letzten Kapitel verraten wir deshalb, wie deine Pflanzen ohne konventionelle Pflanzenschutzmittel gesund und stark bleiben.

Hab keine Angst vor Experimenten und lass dich von diesem Buch inspirieren!

Dein Trauttmansdorff-Team

Die Gärten von Schloss Trauttmansdorff

Der etwas andere botanische Garten

Die Gärten von Schloss Trauttmansdorff in Südtirol erstrecken sich über ganze zwölf Hektar mit einem Höhenunterschied von 100 Metern. Das eröffnet spektakuläre Ausblicke auf die über 80 Gartenlandschaften, die umliegende Bergwelt und die Stadt Meran. Auf sanft geschwungenen Wegen geht es auf eine Reise durch vier Gartenwelten mit Pflanzen aus aller Welt, vorbei an sonnigen Terrassen und plätschernden Bächen. Den Südhang des Schlosses bestimmt das mediterrane Flair der exotischen Sonnengärten mit dem Olivenhain, den Kakteen, Aloen und Agaven. In den Wasser- und Terrassengärten erlebt man europäische Gartenarchitektur. Treppen und Wasserläufe verbinden die verschiedenen Ebenen – von geometrisch angelegten Beeten bis hin zu einem Sinnesgarten. Am Fuße der Terrassen liegt der Seerosenteich, umrahmt von über 200 Palmen sowie Kamelien und Azaleen. An der Nordseite des Schlosses erstrecken sich die Waldgärten mit den Miniaturwäldern Ostasiens und Amerikas. Das Glashaus beherbergt tropische Nutzpflanzen und ein Terrarium. Zu guter Letzt gewähren die Landschaften Südtirols Einblick in die heimische Pflanzenwelt. Die Streuobstanlage mit alten Apfel- und Birnensorten, der Bauerngarten und der Weinberg sind ein Abbild der traditionellen Kulturlandschaft Südtirols.

Im Gartenareal gibt es neben verschiedenen Themengärten und Pflanzensammlungen aber auch allerlei Kunst- und Erlebnisstationen zu sehen. So können die Besucherinnen und Besucher das Innere eines Kaktus erleben oder sich über eine wackelnde Abenteuerbrücke wagen. Auch Tiere wie Alpakas, Zackelschafe und Ziegen tummeln sich hier.

Inmitten der Gärten thront Schloss Trauttmansdorff, das Kaiserin Elisabeth, besser bekannt als Sissi, in den Jahren 1870/71 und 1889 für mehrere Monate als Rückzugs- und Erholungsort diente. Heute beherbergt es das Touriseum, Südtirols Landesmuseum für Tourismus, das von 250 Jahren alpiner Tourismusgeschichte erzählt.

Trauttmansdorff auf einen Blick

1	Schloss mit Museum
12 ha	Gartenareal
100 m	Höhenunterschied
über 80	Gartenlandschaften
4	Gartenwelten
10	Künstlerpavillons
10	Erlebnisstationen
7 km	Wegenetz
35	Gärtnerinnen und Gärtner

Tipps zur Gartengestaltung

Der Spagat zwischen wohlgeordnet und wild

Ein Garten hat viele Funktionen – Rückzugs- und Ruheort, ästhetisches Gestaltungsensemble, Biotop oder Lieferant für Kräuter, Obst und Gemüse. Es lohnt sich also, sich ein paar Gedanken über die Gartengestaltung zu machen.

Der eigene Garten ist ein Wohnzimmer im Grünen – mal minimalistisch, mal reich an Farben und Formen, mal bis ins letzte Detail durchgeplant und mal weitgehend der Natur überlassen – je nach Geschmack des jeweiligen Gartenbesitzers. Nicht immer jedoch war der Garten nur ein Platz der Muße, er hatte vor allem eine wichtige Funktion als Nahversorger. Eine Nutzungsart, die im Zuge der Klimaschutz- und Ökologiebewegung der vergangenen Jahre wieder an Bedeutung gewonnen hat. Zudem sind Gärten ein Refugium für Tiere und Pflanzen. In den vergangenen Jahrzehnten sind viele natürliche Habitate und Rückzugsräume für Pflanzen und Tiere verloren gegangen – Feuchtzonen, Schotterflächen, Wiesen- und Heckensäume. Vieles wurde ausgeräumt, eingeebnet und begradigt. Gärten können im Kleinen solche wichtigen Lebensräume enthalten, wenn wir sie bewusst anlegen und ein gewisses Maß an Wildheit zulassen.

Gärten befriedigen unseren Sinn fürs Schöne. Ein Garten gilt meist dann als attraktiv, wenn er das ganze Jahr über blüht und gedeiht, sodass wir uns in ihm wohlfühlen. Je größer die Artenvielfalt, desto abwechslungsreicher ist der Garten. Die Kunst der guten Planung ist es, die Kombination der Pflanzen so vielfältig zu gestalten, dass das Ergebnis harmonisch wirkt. Ein abgestimmtes Zusammenspiel von Farben, Formen und Kontrasten erzeugt Spannung und Harmonie zugleich.

Ob du einen Planer engagierst oder es einfach selbst probierst, bleibt dir überlassen. Wichtig ist zu Beginn die Analyse des Standortes. Welche Bedingungen müssen berücksichtigt werden (z. B. Klimazone und Beschattung) und wie ist der Boden beschaffen? Danach erfolgt die Auswahl der Pflanzen, die mit diesem Standort zurechtkommen. Bäume und Sträucher bilden Ankerpunkte, Stauden und Gräser füllen die Beete.

Staudenpflanzung umrahmt mit Lavendel im Englischen Garten

Dabei ist nicht nur die Blüte ein wichtiges Kriterium, sondern auch Größe, Form, Struktur und nicht zuletzt Früchte und Duft der Pflanzen spielen eine entscheidende Rolle.

Die Pflanzenwahl

Bäume – die Strukturgeber

Bäume sind wichtige optische Bezugspunkte im Garten. Sie können als Solitär gepflanzt werden oder in Gruppen, können Räume definieren und dem Garten Struktur geben. Bei der Auswahl eines Baumes spielen nicht nur seine zukünftige Größe sowie Gestalt und Aussehen eine Rolle, sondern auch die entstehende Beschattung, ob er sommer- oder immergrün ist, sowie Blüte, Frucht und Herbstfärbung. Obstbäumen gelingt dabei der Spagat zwischen Schönheit und Nützlichkeit besonders gut – sie liefern essbare Früchte, die sich auch zu allerlei Leckereien verarbeiten lassen.

Sträucher – die Allrounder

Es gibt Solitärsträucher, die viel Raum für sich beanspruchen, und solche, die klein und zierlich bleiben und auch in das Blumen- oder Staudenbeet eingebaut werden können. Der Handel bietet eine große Auswahl an Ziersträuchern aus aller Welt. Sträucher sind Allrounder, die uns sowohl mit ihrer Blütenpracht, ihrem Duft und ihrer Herbstfärbung als auch mit ihrem Frucht schmuck und -genuss verwöhnen. Zudem gibt es viele einheimische Sträucher, die nicht nur attraktiv sind, sondern deren Blüten und Früchte für Insekten und andere Tiere auch eine wichtige Nahrungsquelle darstellen.

Rosen – immer im Mittelpunkt

Die wohl am meisten gepflanzten Sträucher in unseren Gärten sind Rosen. Es gibt zahlreiche Züchtungen in den unterschiedlichsten Blütenfarben und Duftbouquets. Rosen können einfache oder gefüllte Blüten haben, wobei erstere für Insekten von Vorteil sind, da sie leichter an den Nektar kommen. Außerdem bilden die einfach blühenden Rosen attraktive Früchte aus, die bis in den Winter hinein den Strauch schmücken.

Rosen stehen meist im Mittelpunkt einer Pflanzung und werden oft von Stauden begleitet. Gerne werden zu Rosen Kleinsträucher wie Lavendel, Heiligenkraut oder Salbei gepflanzt, allerdings haben diese ganz andere Standortansprüche und eignen sich daher nur bedingt als Rosenbegleiter. Aber es gibt passende Alternativen aus dem Reich der Stauden: Phloxe, Katzenminze, Duftnesseln, Lilien, Fingerhut, Iris oder Astern können den Blütenzauber der Rosen wunderbar unterstreichen.

Stauden – die Kombinationswunder

Stauden, also krautige, mehrjährige Pflanzen, lassen sich zu vielseitigen Pflanzungen kombinieren. Die Blütenfarbe spielt dabei eine wichtige Rolle,

Duftrosen, Steppensalbei (*Salvia nemorosa*) und andere Stauden im Sinnesgarten

Stauden in den verschiedensten Gelbtönen mit Mädchenauge (*Coreopsis grandiflora* 'Christchurch'), Binsenlilie (*Sisyrinchium striatum*), Wollziest (*Stachys byzantina*) u. v. m.

denn mit ihr lassen sich farbenreiche Mischungen genauso wie monochrome Beete gestalten. Eine harmonische Farbgestaltung erhält man durch die Auswahl von Farben derselben Farbfamilie. Hierbei werden einfach verschiedene Nuancen bzw. Farbtiefen verwendet, z. B. von Hellgelb über Zitronengelb bis Orange. Zusätzlich können auch einzelne Kontraste eingebaut werden, um mehr Spannung zu erzeugen.

Aber nicht nur die Farbe eröffnet viele Möglichkeiten, auch die Wuchsform der Staude beeinflusst den Charakter des Beetes. Aufrechte Stauden, gepaart mit weichen, fließenden Formen oder kompakten Stauden, können einer Pflanzung eine schöne Struktur geben. Bei der Höhenstaffelung kommt es darauf an, ob das Beet von allen Seiten oder nur aus bestimmten Richtungen einsehbar ist. Hohe Stauden kommen immer nach hinten, und falls man um das Beet herumgehen kann, in die Mitte.

Für eine natürlich anmutende Pflanzung sollten die einzelnen Gattungen und Arten willkürlich über die Fläche verteilt werden. Die Vegetationstypen in der Natur geben dafür gute Vorbilder. Damit eine Pflanzung natürlich wirkt,

Rosa Haargras (*Muhlenbergia capillaris*) und Schokoladenblume (*Cosmos atrosanguineus*) im Sinnesgarten

muss ihr auch ein gewisses Maß an Spontaneität zugestanden werden – z. B. indem man ein- und zweijährige Pflanzen miteinander kombiniert. Durch das Selbstversamen etablieren sich die Pflanzen willkürlich im Beet. Durch gezieltes Entfernen einiger Sämlinge lässt sich steuern, wo genau sich die verschiedenen Pflanzen breitmachen dürfen. Teste doch einmal die Jungfer im Grünen (*Nigella*), das Mutterkraut (*Parthenium*), den Natternkopf (*Echium*) oder die Licht- und Kartäusernelken (*Silene dioica* und *Dianthus carthusianorum*). Malven (*Malva*) und Königskerzen (*Verbascum*) sind ebenso geeignet.

Nicht zuletzt sind auch die Blätter der Stauden ein wichtiges Kriterium der Gestaltung. Vor allem bei Schattenpflanzungen steht das Blattwerk im Vordergrund. Von den großen und groben Blättern der Funkie (*Hosta*) oder Rodgersie (*Rodgersia*) bis hin zu den schmalen, grasartigen Blättern der Lilientraube (*Liriope*), den weiß panaschierten Blättern mancher Sorten des Kaukasus-Vergissmeinnichts (*Brunnera macrophylla*) oder den zarten Blättern der Elfenblumen (*Epimedium*) gibt es zahlreiche Blattschmuckstauden, mit denen man halbschattige bis schattige Bereiche interessant gestalten kann.

Zwiebelpflanzen – die Ersten im Jahr

Sie sind vielfältig einsetzbar: Als Unterbepflanzung unter Bäumen oder Sträuchern, ja sogar in der Wiese können Zwiebelpflanzen wie etwa Winterling, Krokus oder Blaustern gedeihen. Ihren großen Auftritt haben sie im Frühjahr. Von den ersten Schneeglöckchen bis hin zu Hyazinthen, Narzissen, Tulpen oder Kaiserkronen ist die gesamte Farbpalette vertreten und auch bezüglich der Größe und des Blühzeitpunkts bleiben keine Wünsche offen: Von früh blühenden bis spät blühenden Zwiebelpflanzen ist das Angebot riesig. Die enorme Bandbreite an Gattungen, Arten und Sorten ermöglicht vielfältigste Farbspektren und eine Blüte, die bis in den Mai und Juni (vor allem mit Zierlauch und Lilien) hineinreicht.

Danach übernehmen die Stauden das Zepter, doch können auch sommerblühende Zwiebel- und Knollenpflanzen den Staudenpflanzungen zu zusätzlichen Blühhöhepunkten verhelfen. Sommerhyazinthen (*Galtonia*), Gladiolen (*Gladiolus*), Korallentröpfchen (*Bessera elegans*) oder Ananasschopflilien (*Eucomis*), um nur einige zu nennen, können schöne und exotische Hingucker sein. Die meisten dieser sommerblühenden Pflanzen stammen aus warmen Klimaten und überstehen den mitteleuropäischen Winter nicht. Im Herbst muss man sie vor dem ersten Frost wieder aus der Erde nehmen, damit die empfindliche Zwiebel oder Knolle nicht erfriert. Sie überwintern am besten in einem ungeheizten Keller in einer Kiste mit Sand oder trockenem Laub und kommen erst nach den letzten Frühlingsfrösten wieder ins Beet.

Tulpenmeer im Rosengarten in den Landschaften Südtirols

Staudenbepflanzung mit Gräsern am Ufer des Seerosenteiches im Herbst

Gräser – ideale Herbstattraktionen

Gräser wurden lange Zeit in der Gartengestaltung stiefmütterlich behandelt, obwohl sie sehr anpassungsfähig sind und man sie für verschiedenste Bereiche verwenden kann. Seit einigen Jahren sind sie wieder in Mode und man findet sie in Steingärten, Stauden- und Präriepflanzungen, in Waldgärten und Uferzonen. Sie können als Solitäre stehen oder eine Staudenpflanzung in ihrer Struktur zusammenhalten. Denn in Gesellschaft mit Stauden, die durch ihre farbenfrohen Blüten die perfekten Begleiter sind, erzielen Gräser ihre schönsten Effekte. Sie können zudem als Hecke gepflanzt werden oder als Bodendecker dienen. Vor allem aber erzeugen sie Stimmung und geben der Pflanzung eine gewisse Natürlichkeit.

Ihren Höhepunkt haben viele Gräser im Herbst, obwohl es auch sommerblühende Gattungen und Arten wie den Blaustrahlhafer (*Helictotrichon sempervirens*) gibt. Sie überzeugen nicht nur durch ihre vielfältigen Blüten- und Fruchtstände, sondern auch durch ihre Herbstfärbung. So erstrahlen etwa die Blätter vieler Rutenhirse-Sorten (*Panicum*) in warmen Rotbrauntönen und die seidig behaarten Rispen des Chinaschilfs (*Miscanthus*) leuchten herrlich im Gegenlicht der herbstlichen Sonne. Viele dieser herbstblühenden Gräser sorgen auch im Winter für Struktur, denn ihre Halme halten bis in den Winter hinein. Für schattige und feuchtere Bereiche eignen sich Sauergräser (*Carex*-Arten), Simsen (*Luzula*) oder das Japanische Berggras (*Hakonechloa*).

Duftspender – das ganze Jahr über

Auch Duft ist eine wichtige Komponente in der Gartengestaltung und sollte bei der Auswahl der Pflanzen bedacht werden. Es gibt Blüten, die tagsüber ihre Düfte verströmen, und solche, die nur nachts duften, wie z. B. die Nachtviole (*Hesperis matronalis*), die Missouri-Nachtkerze (*Oenothera missouriensis*) oder die Geißblätter (*Lonicera*). Viele aromatische Kleinsträucher wie Thymian, Oregano, Lavendel, Heiligenkraut und andere duften erst bei Berührung.

Bereits im Winter gibt es die ersten duftenden Sträucher wie die Winterblüte (*Chimonanthus praecox*) oder die Zaubernuss (*Hamamelis*). Im Frühjahr erweitert sich das Spektrum: Flieder (*Syringa*) oder Pfeifenstrauch (*Philadelphus coronarius*) sind wunderbare Frühlingsblüher. Im Mai kommen dann die Rosen mit ihren schönen Blüten und verschiedensten Duftrichtungen. Ab Juni verströmen der Sternjasmin (*Trachelospermum jasminoides*) und das Japanische Duft-Geißblatt (*Lonicera japonica*) einen besonders intensiven Duft. Im August hat der Losbaum (*Clerodendrum trichotomum*) seinen Auftritt und im September können wir das fruchtige Aroma der Duftblüte (*Osmanthus fragrans*) wahrnehmen.

Duftende Blüten von *Osmanthus x burkwoodii*

Eine Blauschwarze Holzbiene (*Xylocopa violacea*) tankt an einer Salbeiblüte (*Salvia* sp.) Nektar.

Der Garten als Heimat für viele Tiere

Wilde Ecken – Quartier und Nistplatz

Wie auch immer du deinen Garten gestaltest, du solltest dabei auch an seine Bewohner denken. Erlaube ein bisschen kontrollierte Wildheit, denn in allzu aufgeräumten Gärten fühlen sich viele Tiere und Pflanzen nicht wohl. Lass abgestorbene Pflanzen im Herbst stehen und putze den Garten nicht vor der Winterruhe, denn in hohlen Stängeln oder Blattresten können sich Kleintiere ihr Winterquartier einrichten. Erst im Frühling, bevor alles wieder grünt und sprießt, sollte man mit dem Aufräumen beginnen.

Es empfiehlt sich außerdem, im Garten ein wildes Eck einzurichten, wo Totholz und Laubabfall vor sich hin rotten können. Solche Laubhaufen können auch willkommene Nistplätze für Igel und andere Tiere sein – und gerade Igel sind die idealen Schneckenjäger. Die Pflege hat also einen entscheidenden Einfluss darauf, ob es sich um einen lebendigen und belebten Garten handelt, der vielen nützlichen Tieren ein Habitat bietet, oder ob er eine „grüne Wüste" ist.

Pflanzenvielfalt – so finden alle Nahrung

Viele Insekten finden in unserer ausgeräumten Landschaft nur noch wenig Nahrung. Statt vielfältiger Blumenwiesen mit einheimischen Gräsern, Kräutern und Sträuchern dominieren landwirtschaftliche Monokulturen. Auch in den Gärten setzt sich der Trend des langweiligen Einheitsrasens mit immergrüner Thujen-Hecke oder die pflegearme Kieswüste noch immer fort. Versuche daher bewusst Pflanzen zu verwenden, die auch Insekten als Nahrungsquelle dienen, und bedenke dabei, dass die meisten Blätter von exotischen Pflanzen für Schmetterlingsraupen nicht genießbar sind. Das bedeutet aber nicht, dass man gar keine exotischen Pflanzen verwenden darf, denn einige davon können mit ihrem Nektarangebot für die heimische Tierwelt durchaus interessant sein.

Achte also auf Pflanzen, die reichlich Nektar und Pollen produzieren. Geeignete Nektarpflanzen sind europäische Arten wie Schafgarbe, Akelei, Johanniskraut, Skabiosen, aber auch Lavendel, Lupine, Wilde Malve, Astern oder ungefüllte Dahliensorten, um nur einige zu nennen. Denke auch an nachtaktive Insekten und pflanze Geißblatt, Nachtkerze oder Nickendes Leimkraut. Wichtig für viele Schmetterlingsraupen sind Brennnessel, Fenchel, Petersilie, Wilde Möhre und andere Doldenblütler, denn sie dienen ihnen als Futter. Auch Disteln sind ein beliebtes Futter für die Raupen verschiedener Schmetterlinge wie des Kleinen Fuchses, des Admirals oder des C-Falters.

Manche haben vielleicht Angst, dass auf diese Weise Schädlingsinsekten überhandnehmen könnten. Aber wenn man es schafft, die Voraussetzungen für ein biologisches Gleichgewicht herzustellen, halten sich Nützlinge und Schädlinge die Waage. Damit sich diese wichtige Balance einstellen kann, ist ein kontinuierliches Futterangebot für Insekten und andere Tiere wichtig.

Das sagt unser Obergärtner

Das naturnahe Gärtnern setzt neben Nützlingen auf Pflanzenstärkung anstatt auf Pflanzenschutz. Eingesetzt werden spezielle Stärkungsmittel, bestehend aus Brühen, Mikroorganismen, verschiedenen Grundstoffen und organischen Düngern, die das natürliche Abwehrsystem der Pflanzen stärken, Krankheiten vorbeugen und Schädlinge fernhalten. Mehr zum Thema Pflanzenstärkung erfährt man ab Seite 170.

Oliver Urlandt

Das Insektenhotel in den Landschaften Südtirols bietet Nisthilfen für die Trauttmansdorffer Wildbienen. Ein Beitrag für den Wildbienenschutz im Garten.

Insektenhotels

Zusätzlich sollte man auch Quartiere für Wildbienen und Nützlinge im Garten einplanen. Insektenhotels sind dazu bestens geeignet und lassen sich mit einfachen Hilfsmitteln selbst herstellen, es gibt sie aber auch bereits fix und fertig im Baumarkt. Beim Bau von Insektenhotels ist es wichtig, sauber und sorgfältig zu arbeiten: So müssen z. B. Strohhalme glatt abgeschnitten werden, damit die zarten Flügel der Insekten nicht zerschlissen werden; die Verwendung von Hartholz sorgt dafür, dass Bohrlöcher nicht ausfransen. Wer viele unterschiedliche Bewohner in seinem Insektenhotel beherbergen will, sollte sich zusätzlich etwas genauer informieren, welches Quartier die verschiedenen Insekten bevorzugen. Auf diese Weise können auch in kleinen Gärten oder auf Balkonen Überwinterungsplätze für Insekten geschaffen werden.

Gärtnern auf Balkonien

Wer gärtnern will, braucht nicht unbedingt einen Garten. Auch eine Dachterrasse oder ein Balkon kann sich in ein grünes Paradies verwandeln. Platz für Gemüse, Kräuter und Blumen bieten Kübel, Ampeln und Etagenbeete. In Ampeln oder Pflanzgefäßen mit verschiedenen Öffnungen lassen sich auch mehrfach tragende Erdbeersorten kultivieren, die den ganzen Sommer über mit hübschen Blüten und leckeren Früchten locken. Rankende Pflanzen wie Feuerbohnen oder Wicken verzieren kahle Wände oder können als Sichtschutz dienen. Tomaten oder Gurken gedeihen ebenso wie Blattsalate und Kräuter – erlaubt ist, was gefällt!

Wer zusätzlich Pflanzen wählt, die Insekten reichlich Nahrung bieten und im Winter mit ihren Früchten und Samen Vögel anlocken, kann auch auf kleinem Raum etwas für die ökologische Vielfalt tun. Balkon und Terrasse können darüber hinaus in klimatisch weniger begünstigten Gegenden eine Möglichkeit sein, rund ums Haus für ein wenig exotisches Flair zu sorgen.

Exotische Pflanzen im Kübel verwandeln jeden Balkon in ein sommerliches Farbenmeer.

Viele wärmeliebende Pflanzen wie Passionsblume, Zitrus- oder Ölbaum lassen sich auch im Kübel kultivieren und können an einem sonnigen und geschützten Platz mediterrane Akzente setzen. Wichtig ist es, einen Ort zum Überwintern der Pflanzen bereitzuhalten. Am besten geeignet ist dafür natürlich ein Wintergarten, wo kälteempfindliche Pflanzen vor Frost geschützt sind, ohne dass es ihnen, wie etwa in der Wohnung, zu heiß wird oder sie, wie im kühlen Keller, nicht genügend Licht bekommen. Aber auch andere Räumlichkeiten wie helle Treppenaufgänge oder ungenutzte und wenig beheizte Dachböden sind geeignet, um immergrüne Kübelpflanzen zu überwintern.

Passiflora 'Inspiration'

Das sagt unsere Gartenplanerin

Wenn du dich an die Gestaltung deines eigenen Gartens machst, dann schwelge in Farben, Formen und Düften und entwirf dein Gartenreich ganz nach deinen Wünschen und Möglichkeiten. Denke aber auch an die tierischen Mitbewohner, deren Lebensraum dein Garten ist. Der Lohn ist ein artenreiches, lebendiges Refugium für Mensch, Pflanze und Tier, in dem es nicht nur blüht und duftet, sondern auch summt und brummt und zwitschert.

Gabriele Pircher

Ein Insekten-Eldorado: Katzenminze (*Nepeta* x *faassenii* 'Walker's Low') als Beeteinfassung im Trauttmansdorffer Rosengarten

Faszinierende Blütenexplosion
Der Amerikanische Blumen-Hartriegel

Cornus florida

Im Frühjahr präsentiert er sich mit überreichem Blütenschmuck und im Herbst verzaubert er mit der tiefroten Färbung seiner Blätter: Der Blumen-Hartriegel ist zweifellos eines der schönsten Blütengehölze im Garten.

- sonnig oder halbschattig
- mäßig
- winterhart bis ca. –20 °C
- 4–10 m
- IV–V IX–X

Man könnte den Amerikanischen Blumen-Hartriegel als Hochstapler bezeichnen: Sein auffälligstes Merkmal sind seine meist weißen, bis zu neun Zentimeter großen „Blüten“, die von April bis Mai, noch vor den Blättern, erscheinen. Die vermeintlichen Blütenblätter sind aber, ähnlich wie beim Weihnachtsstern, nur auffällig gefärbte Hochblätter (Brakteen). Ihre Funktion ist dabei dieselbe wie die von Blütenblättern, nämlich das Anlocken der Bestäuber. Die eigentlichen Blüten des Amerikanischen Blumen-Hartriegels sind sehr klein, gelblich oder grünlich. Je 30 von ihnen stehen dicht vereint innerhalb der Hochblätter.

Die Gattung Hartriegel zählt etwa 50 Arten und ist vor allem in den gemäßigten Gebieten der Nordhalbkugel verbreitet. Während der Amerikanische Blumen-Hartriegel aus den feuchten Laubwäldern im Osten Nordamerikas stammt, sind in Mitteleuropa zwei *Cornus*-Arten heimisch: die Kornelkirsche (*C. mas*) und der Rote Hartriegel (*C. sanguinea*). Ihre unscheinbaren Blüten besitzen allerdings keine auffälligen Hochblätter. Neben dem weiß blühenden Amerikanischen Blumen-Hartriegel verfügen

Roter Blumen-Hartriegel (*Cornus florida* f. *rubra*) mit rosaroten Hochblättern

zahlreiche Kultursorten über rosarote oder rote Hochblätter, z. B. der Rote Blumen-Hartriegel (*C. florida* f. *rubra*). Diese sommergrünen *Cornus*-Sträucher können bis zu zehn Meter hoch werden, wachsen jedoch langsam und können durch entsprechenden Schnitt niedriger gezogen werden. Sie eignen sich hervorragend als Solitär. Zum Ausklang der Gartensaison sorgt das scharlachrot bis violett gefärbte Herbstlaub für einen weiteren Farbenrausch, ebenso wie die scharlachroten kugelig-länglichen Früchte, die im September reifen. Diese sind eine Freude für Vögel oder kleine Säugetiere, für den Menschen sind sie allerdings ungenießbar.

Standort

Am besten gedeiht der Blumen-Hartriegel an einem sonnigen bis halbschattigen, nicht zu trockenen Standort auf durchlässigem, humosem Boden mit leicht saurem bis neutralem pH-Wert. Von seiner Wuchsform ist der Blumen-Hartriegel ein großer Strauch oder ein mehrstämmiger, kleiner Baum und braucht entsprechend Platz.

Ob einzeln stehend oder in der Gruppe, eine Unterbepflanzung kann einen

← Japanischer Blumen-Hartriegel (*Cornus kousa* 'Milky Way') mit lang zugespitzten weißen Hochblättern

↓ Scharlachroter Fruchtschmuck am Roten Blumen-Hartriegel (*Cornus florida* f. *rubra*)

zusätzlichen Blickfang bieten und die Blüte während des Gartenjahres verlängern. Dafür kommen vor allem schattenliebende und bodendeckende Stauden zum Einsatz sowie frühlingsblühende Zwiebelpflanzen. Die Unterbepflanzung des Blumen-Hartriegels in Trauttmansdorff besteht aus einer Mischung von Waldmeister (*Galium odoratum*), Japanorchidee (*Bletilla striata*), Schaumblüte (*Tiarella cordifolia*) und Gefleckter Taubnessel (*Lamium maculatum*). Während Waldmeister und Schaumblüte im April blühen, zeigen die Japanorchidee und die Taubnessel ihre Blüten zwei bis drei Wochen später.

Pflege

C. florida gilt als verlässlicher Gartenstrauch, hat aber seit einigen Jahren mit Pilzbefall zu kämpfen, der die sogenannte Blattbräune (Anthraknose) verursacht und zum Absterben der Pflanze führt. Auch der Echte Mehltau setzt dem Hartriegel zu. Hier kann mit einer Backpulverspritzung gegengesteuert werden, die jedoch nach jedem Regen wiederholt werden muss. Auch Schmierläuse und die Miniermotte können den Strauch befallen.

Roter Blumen-Hartriegel (*Cornus florida* f. *rubra*) in prachtvoller Herbstfärbung im Trauttmansdorffer Englischen Garten

Das sagt unsere Kuratorin

Ich liebe den Blumen-Hartriegel. Im Englischen Garten inmitten der Wasser- und Terrassengärten in Trauttmansdorff steht seit 1999 ein *Cornus florida* f. *rubra*, der sich zu einem richtigen Blickfang vor der Schlosskulisse entwickelt hat. In der zweiten Aprilhälfte explodiert er mit seiner rosaroten Blütenpracht. Ein ganz besonderes Erlebnis für mich war es, ihn an seinem natürlichen Herkunftsort in den Wäldern Missouris in den USA mit seinen herrlichen weißen „Blumenwolken" blühen zu sehen und darunter durchzuspazieren.

Karin Kompatscher

Exotische Köstlichkeit
Die Ananasguave

Feijoa sellowiana (Syn. *Acca sellowiana*)

Exotische Blüten, immergrünes Laub, köstliche Früchte und ein einzigartiger Duft: Die Ananasguave erfreut in vielerlei Hinsicht. Dabei ist sie auch noch recht anspruchslos, die kalte Jahreszeit kann sie vielerorts aber nur im Kübel oder mit Winterschutz überstehen.

sonnig
mäßig
bedingt winterhart
bis 7 m
VI–VII X

Die Ananasguave oder Feijoa überzeugt ab Juni mit ihren außergewöhnlichen Blüten. Dann schmücken den Strauch weiße, rot überlaufene Blütenblätter mit dichten „Pinseln" von leuchtend roten Staubfäden. Die Kronblätter sind essbar – sie schmecken süß mit einer leichten Zimtnote – und werden in den Anbauländern gerne in den Obstsalat gestreut. Schmackhaft sind aber vor allem die eiförmigen, duftenden Früchte, die im Oktober reifen.

Die Heimat der Ananasguave sind die Gebiete mit subtropischem Klima in Südamerika, daher wird sie auch „Brasilianische Guave" genannt, obwohl sie keine echte Guave ist. In Europa wurde sie 1890 eingeführt, zur Fruchtgewinnung wird sie vor allem in Neuseeland angebaut. In der Heimat der Ananasguave sind Kolibris die Bestäuber und auch in anderen Anbaugebieten der Südhalbkugel sind Vögel an den Blüten interessiert.

Standort und Pflege

Vielerorts ist die Feijoa nur im Kübel kultivierbar und muss, da sie immergrün ist, hell und nicht zu warm (10–15 °C) überwintert werden. Bei −9 °C sterben bereits die Blütenknospen ab, Frostschäden an jungen Trieben können schon ab –5 °C auftreten. Eine Freilandpflanzung ist in Mitteleuropa also nur in wintermilden Regionen an einem warmen und geschützten Ort mit Winterschutz (Strohmatten oder Ähnliches) zu empfehlen.

Die Ananasguave trägt ledrige, graugrüne, eiförmige Blätter mit silbriger Blattunterseite – ein Indiz dafür, dass sie eher trockene, sonnige Standorte liebt. Der Boden sollte humusreich und locker-luftdurchlässig sein, der Wasserbedarf ist mäßig. Zu beachten ist jedoch, dass immergrüne Pflanzen auch im Winter gegossen werden müssen. Die Ananasguave ist recht anspruchslos und gibt sich mit einer organischen Düngung im Frühling zufrieden. Mögliche Schädlinge sind allenfalls Schild- und Blattläuse.

Verwendung

Im Herbst, etwa sechs bis acht Wochen nach der Blüte, reifen die Früchte, die erst richtig lecker sind, wenn sie vom Strauch fallen. Eine bläulich grüne Fruchtschale umgibt cremeweißes, körnig-saftiges Fruchtfleisch, das man, wie bei einer Kiwi, auslöffeln kann. Wobei – anders als bei der Kiwi – auch die Fruchtschale essbar ist. Das delikate

Blüten der Ananasguave (*Feijoa sellowiana*, Syn. *Acca sellowiana*)

Früchte der Ananasguave (*Feijoa sellowiana*, Syn. *Acca sellowiana*)

Fruchtaroma verbindet die Geschmacksnoten von Guave, Ananas und Erdbeere. Die Früchte duften bereits von außen verlockend und die körnige Konsistenz ähnelt reifen Birnen. Aus Feijoa werden Saft, Fruchtgetränke, Marmelade, Eiscreme, Joghurt, Chutney und Likör hergestellt. Die Früchte sind nicht nur wohlschmeckend, sie bestechen auch durch einen hohen Vitamin- und Jodgehalt und eine nachweislich antioxidative Wirkung.

Das sagt unsere Kuratorin

In Trauttmansdorff haben wir unsere Ananasguaven im Jahr 1998 als Hecke unterhalb des Sukkulentenhügels gepflanzt. Es ist nicht der mildeste Standort in unseren Gärten, deshalb werden sie im Herbst eingepackt. Auf der Bozner Guntschna- und Oswaldpromenade, direkt vor den warmen Quarzporphyrfelsen, gedeihen sie seit Jahrzehnten auch ohne Winterschutz und sind dort über drei Meter hoch.
Im Herbst kann ich nicht genug bekommen vom herrlichen Ananas-Erdbeer-Parfüm der exotischen Früchte, die am Boden unter den Sträuchern liegen. Erst dann entfalten sie ihr typisches Aroma. Ich könnte sie kiloweise verschlingen, aber wir brauchen sie ja für unsere „Tutti-Frutti-Führungen" – ein Verkostungs-Highlight den ganzen Oktober über. In meinem eigenen Garten hat die Ananasguave leider nicht überlebt, wohl wegen des lehmigen Bodens, denn sie mag keine Staunässe.

Karin Kompatscher

Berühmte Namensgeber

Der wissenschaftliche Name der Ananasguave lautete bis 2019 *Acca sellowiana* mit der römischen Göttin Acca Larentia im Gattungsnamen. Der heutige Gattungsname *Feijoa* ehrt den in Rio de Janeiro geborenen Botaniker João da Silva Feijó (1760–1824). Im Artnamen *sellowiana* hingegen ist der Potsdamer Botaniker und Pflanzenjäger Friedrich Sellow (1789–1831) verewigt, der die Pflanze in Brasilien vor etwa 200 Jahren entdeckte und die ersten Zweige und Samen nach Berlin schickte.

Ananasguaven-Hecke (*Feijoa sellowiana*, Syn. *Acca sellowiana*) mit Winterschutz in Trauttmansdorff

Prächtige Distel
Die Artischocke

Cynara cardunculus subsp. *scolymus*

Artischocken sind mit ihrem silbrigen Laub und den charakteristischen Blütenständen ein Hingucker für jeden Garten. Erntet man die knospigen Blütenstände jedoch nicht ab, erstaunt die Artischocke zusätzlich mit grandiosen blauvioletten Blüten.

sonnig
mäßig
bedingt winterhart
30 cm–2 m
VI–VIII

Wer glaubt, Artischocken hätten nur kulinarischen Wert, der irrt. Neben ihrem Geschmack bezaubert die Pflanze auch durch ihre intensiv blauvioletten Blüten und wunderschönes, silbriges Laub. Das Laub ist, wo es das Klima ermöglicht, das ganze Jahr über eine Zierde und die bräunlichen Fruchtstände überdauern bis weit in den Frühling hinein. Artischocken sind ein exotisches Extra im Garten und können als Solitär ins Staudenbeet eingebaut werden.

Die graugrünen Blätter der Artischocke sind bis zu 50 Zentimeter lang, fiederschnittig und im Gegensatz zu denen der wilden Artischocke (*Cynara cardunculus*) nur schwach stachelig oder völlig frei von Stacheln. Von Anfang Juni bis August schieben sich ab dem zweiten Jahr aus der Blattrosette bis zu zwei Meter hohe Stängel mit imposanten, etwa 15 Zentimeter großen Blütenständen gen Himmel. Die Artischocke ist ein Korbblütler – kleine Blüten stehen dicht gedrängt im Köpfchen und wirken wie eine Einzelblüte, so werden sie besser von Bienen und anderen Insekten gesehen und bestäubt.

Artischocke (*Cynara cardunculus* subsp. *scolymus*) mit stahlblauen Röhrenblüten und zahlreichen Hüllblättern

Standort und Pflege

Die Gattung *Cynara* ist im Mittelmeerraum beheimatet, daher lieben Artischocken Wärme und Sonne und sollten ein geschütztes, sehr sonniges Plätzchen erhalten. Außerdem mögen sie einen durchlässigen, gut drainierten Boden. Da Artischockenpflanzen recht groß werden, sollte man ihnen genug Raum geben, damit sie sich schön entfalten können.

Artischocken sind nicht überall winterhart. In raueren Klimazonen sollten die Stängel vor den ersten Frösten abgeschnitten und die restliche Pflanze mit einer dicken Mulchschicht aus Blättern, Stroh, Stallmist oder Ähnlichem abgedeckt werden. Blattschäden sind nämlich bereits ab 0 °C möglich, Überwinterungsknospen werden ab –10 °C beschädigt. Möglich ist auch das Ausgraben und Überwintern der Pflanze im Topf an einem frostgeschützten Ort, wobei sie allerdings nie ganz austrocknen darf.

Artischocken sind nicht sonderlich pflegeaufwendig, sie haben einen mäßigen Wasserbedarf und bekommen im Frühjahr eine organische Düngung. Gegen Blattläuse helfen Knoblauchextrakte,

Spritzungen mit Schmierseife oder einige Zink-Blattdünger. Minierfliegen können durch den Einsatz von Nützlingen wie z. B. Schlupfwespen bekämpft werden.

Verwendung

Als Gemüse gegessen werden der fleischige Boden des Blütenstandes und der untere Teil der inneren Hüllblätter der Blütenköpfe – sie sind reich an Mineralsalzen, Vitaminen und Ballaststoffen. Dafür müssen die Artischocken jedoch vor dem Aufblühen geerntet werden. Man muss sich also entscheiden: Blütenschönheit oder kulinarischer Genuss.

Aus den Blättern werden Artischockenextrakte hergestellt, die wie der Likör Cynar der Verdauung helfen sollen. Von den wilden Artischocken werden in Italien heute noch die jungen Köpfe gesammelt und in Öl eingelegt. Zudem gibt es die Sortengruppe Cardy, deren gebleichte Blattstiele und Blattmittelrippen als Gemüse gegessen werden.

Artischocken – Blickfang in der mediterranen Kulturlandschaft von Trauttmansdorff zwischen Maulbeer- und Olivenbäumen

Die Rache des Zeus

Dem Mythos nach soll Zeus ein Mädchen namens Cynara aus Rache in eine dornige Pflanze verwandelt haben, daher der Gattungsname *Cynara.* Allerdings steckt auch das griechische Wort *kynára* (hundeähnlich) im Gattungsnamen – vielleicht eine Anspielung auf die harten Spitzen der Blütenköpfe wilder Artischocken, die den Zähnen eines Hundes ähneln. Der Artname *cardunculus* stammt hingegen aus dem Lateinischen und bedeutet „kleine Distel", er bezieht sich auf das Aussehen der Pflanze.

Die Blüten der Artischocke (*Cynara cardunculus* subsp. *scolymus*) sind ein Magnet für viele Insekten.

AN DEN AUFENTHALT
UND KOENIGS
FRANZ JOSEF I
KAISERIN UND KOENIGIN
ELISABETH
IM SCHLOSSE
IN DEN JAHREN

Zwerge und Riesen
Bambus

Bambusoideae

Bambus verleiht dem Garten eine asiatische Note – egal ob als Solitär, Gruppe oder Hecke. Sogar im Kübel auf Balkon oder Terrasse machen die exotischen Gräser eine gute Figur.

- halbschattig bis sonnig
- hoch
- teils frostresistent bis –25 °C
- 30 cm–10 m
- ganzjährig attraktiv

Bambusse sind besonders faszinierende Pflanzen – wegen ihrer ganz eigenen Ästhetik und der fast unbegrenzten Verwendungsmöglichkeiten. In China und Japan ist Bambus ein prägendes Landschaftselement, er beeinflusste Malerei, Dichtung, Symbolik und Mythos. Er wurde in Tempelgärten gepflanzt und Mönche schrieben bereits auf Bambusstreifen, lange bevor es Papier gab.

Im Garten ist er dank der Arten- und Sortenvielfalt, der verschiedenen Größen sowie der attraktiven Blätter und Halme äußerst vielfältig einsetzbar – als Grundstückseinfassung, an einem Teich oder Bachlauf, als Unterpflanzung oder auf der Böschung als Hangschutz. Die Blätter sind immergrün und auch im Winter reizvoll, wodurch sich Bambus auch als Sichtschutz eignet. Bambus gehört zu den Süßgräsern, seine Halme sind in den allermeisten Fällen hohl und werden durch Nodien (Knoten) gegliedert, die der Versteifung dienen. Die Halme besitzen von Beginn an einen endgültigen Durchmesser, schieben sich aber mit einer teils legendären Geschwindigkeit gen Himmel: Manche Arten wachsen in den Tropen mehr als einen Meter pro Tag!

Zwergige Arten werden 30 bis 50 Zentimeter hoch, eignen sich als Bodendecker und können wie eine Wiese gemäht werden. In Trauttmansdorff wächst *Pleioblastus fortunei* im Japanischen Garten und im Palmenwald als Unterbepflanzung und wird alle zwei bis drei Jahre gemäht. Kleinwüchsige Arten wie *Sasa tsuboiana* (bis 1,5 m hoch)

↑ Trauttmansdorffer Bambuswald und Pagode mit Dach aus Bambushalmen

↘ Niedriger Bambus (*Pleioblastus fortunei*) als Bodendecker im Japanischen Garten

sind für niedrige Hecken geeignet, während z. B. *Phyllostachys bambusoides* und *P. b.* 'Castillonis' (bis 10 m hoch) zu Höherem bestimmt sind. Durch die Kombination unterschiedlicher Bambusarten und -sorten entstehen zusätzlich interessante Effekte. Im passenden Kübel kann z. B. *Pseudosasa japonica* oder die sehr dekorative *Bambusa multiplex* 'Alphonse Karr' auch auf der Terrasse ostasiatisches Flair verbreiten.

Standort

Bambusarten kommen in der Natur vorwiegend im subtropischen und tropischen, aber auch im gemäßigten Klima vor. Sie mögen einen halbschattigen bis sonnigen Standort, humusreiche Böden und haben einen hohen Wasserbedarf – die Bambusblätter

Bambushalme sind unterschiedlich gefärbt und bei manchen Sorten gestreift oder gefleckt.

← Riesenbambus (*Phyllostachys vivax* 'Aureocaulis')

↓ Tigerfleckenbambus (*Phyllostachys nigra* 'Boryana')

rollen sich seitlich ein, wenn die Pflanze zu trocken steht. Viele Arten und Sorten gedeihen im gemäßigten Klima Mitteleuropas sehr gut im Freien und überstehen auch kräftige Minusgrade. Problematisch sind jedoch länger anhaltende Kälteperioden, weil der Bodenfrost verhindert, dass die Wurzeln Wasser aufnehmen, und somit die Blätter vertrocknen (Frosttrocknis).

Pflege

Viele Bambusarten verbreiten sich über lange unterirdische Rhizome, das sind Speicherorgane, die die Wurzeln tragen. Dazu gehören die Gattungen *Pleioblastus*, *Phyllostachys* und *Sasa*. Sie brauchen unbedingt eine Rhizomsperre, die 70 Zentimeter tief in die Erde hineinreicht und außerdem eine Handbreit aus dem Boden ragen muss, damit die Rhizome nicht darüber hinwegklettern. Andernfalls breitet sich der Bambus unkontrolliert im Garten aus. Bambusgattungen mit kurzem, kompaktem Rhizom und dementsprechend vielen, eng beieinanderstehenden Halmen, wie etwa *Bambusa*, eignen sich dagegen besonders gut für die Kübelpflanzung.

Gedüngt wird im Sommer monatlich mit organischem Dünger, hinzu kommt von Frühling bis Sommer zwei- bis dreimal die Gabe von Eisendünger. Als Schädlinge treten vor allem Blattläuse und Spinnmilben auf. Grundsätzlich sollte Bambus mit Ausnahme der

bodendeckenden Arten nicht geschnitten werden. Bei dichten Beständen können alte Halme entfernt werden, um sie auszulichten.

Verwendung

Aus Bambus entstehen Gebäudekonstruktionen, Bewässerungsleitungen, Musikinstrumente, Nahrung, Bekleidung und vieles mehr. In China werden seit vielen hundert Jahren Brücken aus Bambus gebaut, ebenso wie heute noch Baugerüste für Hochhäuser. Bambus findet sich auch bei uns – z. B. im Garten als Zaun oder als Stütze für Tomaten, aber auch in vielen industriell hergestellten Produkten vom Zahnstocher bis zur Socke sowie in der Kosmetik und natürlich in der Küche: Junge Sprossen von *Phyllostachys edulis* sind Teil vieler asiatischer Gerichte.

Bei manchen Bambusarten sind die Knoten der Halme sehr dekorativ, wie beim Spazierstockbambus (*Chimonobambusa tumidissinoda*).

Das sagt unser Obergärtner

Bambus, ein exotisches Gewächs für Gärten mit asiatischer Inspiration. Bei einer Reise durch den Westen Chinas in der Provinz Sichuan fuhr und spazierte ich durch einen Bambuswald, der mir unendlich groß erschien. Bis heute habe ich diese beeindruckenden Bilder in meinem Kopf. Für mich ist der Bambus mit seinen mehr als 1.000 Arten und Sorten eines der beeindruckendsten Gewächse überhaupt.

Oliver Urlandt

Urlaubsfeeling für daheim
Die Chinesische Hanfpalme

Trachycarpus fortunei

Wir assoziieren Palmen mit weißem Sand, blauem Meer und Urlaub. Eine Palme ist aber auch das botanische Wahrzeichen der alpinen Stadt Meran: die Chinesische Hanfpalme.

- halbschattig bis sonnig
- mäßig
- frostresistent bis –12 °C
- bis 12 m
- III–VI XI–III

Keine andere Pflanze ist so eng verbunden mit Meran wie die Chinesische Hanfpalme (*Trachycarpus fortunei*). Vor den verschneiten Bergspitzen der Texelgruppe vermittelt sie seit dem 19. Jahrhundert das typische Bild des Südens. Obwohl sie eigentlich keine südländische Palme ist, verbreitet sie Urlaubsgefühle – durch ihren typischen Wuchs und die exotischen Fächerblätter, die leise im Wind rascheln.

Zehn verschiedene Hanfpalmenarten sind vom Himalaya über Myanmar bis Nordthailand, Vietnam und China bis auf eine Meereshöhe von 2.400 Metern verbreitet. *Trachycarpus fortunei* wird in China wegen der zähen Fasern, aus denen Flechtwerk, Matten, Bürsten und Stricke gefertigt werden, seit Jahrtausenden kultiviert. 1830 kamen die ersten Samen nach Europa und mittlerweile zählt die Chinesische Hanfpalme mancherorts zu den invasiven Neophyten, weil sie sich leicht selbst aussät. So siedelt sie sich im Tessin, aber teilweise auch in Südtirol in Laubwäldern an und könnte langfristig die heimische Waldvegetation verdrängen.

Hanfpalmen können bis zwölf Meter hoch werden, ihr schlanker Stamm ist

Chinesische Hanfpalme (*Trachycarpus fortunei*) im Trauttmansdorffer Palmenwald

dicht mit langen dunkelgraubraunen Fasern und Blattgrundresten bedeckt. Die Krone der Fächerpalme bilden bis zu 100 große, fächerförmige, tief eingeschnittene und etwa einen Meter messende Blätter. Von März bis Juni tragen männliche Palmen kräftig gelbe Blüten mit sechs Staubblättern, die den Pollen entlassen, die weiblichen Palmen hingegen haben cremegelbe Blüten mit Fruchtblättern. Bei beiden Geschlechtern sitzen die winzigen Blüten in dekorativen hängenden Blütenständen. Auf den weiblichen Palmen entwickeln sich von November bis März Fruchtstände mit kleinen, bläulichen Steinfrüchten, die von Vögeln verbreitet werden.

← Palmenwald mit Chinesischen Hanfpalmen (*Trachycarpus fortunei*) vor schneebedeckten Dreitausendern der Texelgruppe

↓ Fruchtstände mit Früchten an einer weiblichen Hanfpalme (*Trachycarpus fortunei*)

Standort und Pflege

Die Chinesische Hanfpalme ist eine der kältetolerantesten aller kultivierten Palmenarten und eine der wenigen, die in wintermilden Regionen Mitteleuropas frosthart sind. Sie verträgt Temperaturen bis –12 °C, mag einen halbschattigen bis sonnigen Standort, einen humusreichen, locker-luftdurchlässigen Boden und hat einen mittelhohen Wasserbedarf. Die Hanfpalme ist pflegeleicht und genügsam, wenn man sie als Kübelpflanze hält, ist eine organische Düngung im Frühling jedoch empfehlenswert.

Mögliche Pilzkrankheiten sind der Rostpilz und die Schwarzfleckenkrankheit. Zur Palmenpflege gehört außerdem das jährliche Entfernen von abgestorbenen Blättern und Fruchtständen. Noch exotischer wirkt die Palme, wenn auch die Fasern entfernt werden, wie am Gardasee oft praktiziert. Da im Kübel kultivierte Hanfpalmen frostempfindlicher sind, sollte das „Herz" im Bereich der Blattbasis im Winter (wenn es die klimatischen Bedingungen erfordern) mit Vlies oder Matten geschützt werden.

Palmen in Trauttmansdorff

Im Palmenwald am Ufer des Seerosenteiches wachsen mehr als 200 Hanfpalmen. Die hier ebenfalls winterharte Zwergpalme (*Chamaerops humilis*) gehörte zu den allersten Pflanzen, die 1996 in Trauttmansdorff auf der Sissipromenade im Flaumeichenwald gepflanzt

wurden. Inzwischen haben wir auch andere Palmenarten erfolgreich im Freiland erprobt: verschiedene weitere Hanfpalmenarten und 2002 die Blaue Nadelpalme (*Trithrinax campestris*) auf der Südseite des Verwaltungsgebäudes. Im März 2017 kamen die beiden imposanten Honigpalmen (*Jubaea chilensis*) am Seerosenteich hinzu, von denen eine acht Meter hoch ist. Im Liegestuhl unter tropischen Palmen entspannen können Besucherinnen und Besucher am Palmenstrand – und dabei den Ausblick auf die Dreitausender der Texelgruppe genießen.

Chilenische Honigpalme (*Jubaea chilensis*)

Andere in Meran winterharte Palmen

Die Zwergpalme oder Goethepalme (*Chamaerops humilis*) ist die einzige europäische Fächerpalmenart. Sie wächst im westlichen Mittelmeerraum, z. B. auf Sardinien und Sizilien entlang der (Steil-)Küsten. Typisch ist der mehrstämmige und gedrungene Wuchs von selten mehr als vier, fünf Metern. Johann Wolfgang von Goethe bewunderte ein Exemplar auf seiner Italienreise 1786 im botanischen Garten von Padua. Die Palme wurde im Jahr 1585 gepflanzt und ist heute stattliche zehn Meter hoch. Die Zwergpalme ist bis −13 °C winterhart, Schäden können aber schon bei −10 °C entstehen.

Die Chilenische Honigpalme (*Jubaea chilensis*) ist sogar bis −12 oder −16 °C winterhart. Durch ihre blaugrünen, bis fünf Meter langen Fiederblätter wirkt sie noch exotischer als die Hanfpalme. Sie entwickelt gelbe, aprikosengroße Früchte, deren Fruchtfleisch essbar ist – die Ernte beträgt bis zu 90 Kilogramm jährlich. Honigpalmen wurden über Jahrhunderte gefällt, um an den begehrten Zuckersaft für die Produktion von Palmhonig und -wein zu gelangen. Heute gilt die Honigpalme als gefährdet und steht an ihren Naturstandorten unter Schutz. In Südfrankreich, im Tessin und am Lago Maggiore wird sie seit der Mitte des 19. Jahrhunderts kultiviert, auch im unteren Rheintal ist sie erfolgreich in Kultur.

Winterlicher Glücksbringer
Die Chinesische Winterblüte

Chimonanthus praecox

Die Chinesische Winterblüte scheint aus der Zeit gefallen und blüht bereits, wenn die meisten anderen sommergrünen Gewächse noch in der Winterruhe verharren. Ihre hübschen Blüten verströmen einen zarten Duft, der für gute Laune sorgt. Außerdem gilt die Duftpflanze als Glücksbringer und ist sehr robust.

sonnig bis halbschattig
mäßig
frostresistent bis −15 °C
2,5–4 m
I–III IX–X

Ab Januar, in milden Wintern sogar schon zu Weihnachten, zeigt die Chinesische Winterblüte ihre kleinen gelben Blüten. Sie duften süß nach Honig, Vanille, Narzissen und Veilchen – vor allem dann, wenn die Wintersonne die Duftdrüsen auf den Blütenblättern erwärmt und so die Bestäuberinsekten angelockt werden. Nur etwa zweieinhalb Zentimeter groß sind die stern- oder becherförmigen abwärts geneigten Blüten. Im äußeren Bereich sind ihre wachsartigen Blütenblätter hellgelb und transparent, im inneren rötlich braun. Wegen der Beschaffenheit der Blütenblätter wird die Winterblüte in Asien auch Wachskirsche genannt.
Der sommergrüne Strauch erreicht eine Höhe von bis zu vier Metern und hat bis zu 20 Zentimeter lange zugespitzte Blätter. Borstenhärchen machen die Blattoberseite und den Blattrand etwas rau. Aus den Blüten reifen bis Ende Oktober ledrige, bis sieben Zentimeter lange Früchte. Sie sind zunächst grün, später rötlich braun.

Übrigens: Viele kennen diesen Strauch noch unter seinem alten Namen *Calycanthus* (die Italiener nennen ihn beispielsweise immer noch *calicanto*). Der Gewürzstrauch *Calycanthus* ist zwar verwandt mit der Chinesischen Winterblüte, blüht aber vom Frühjahr bis in den Sommer.

Standort und Pflege

In ihrer Heimat China wächst die Winterblüte in nährstoffreichen Gebirgswäldern. Sie ist trotz einer guten Winterhärte sehr wärmebedürftig, daher muss in klimatisch nicht so gesegneten Gegenden ein geschützter Standort gesucht werden, damit die Zweige gut ausreifen und die Blüten nicht vom Frost zerstört werden. Ansonsten ist sie sehr robust, hat einen mäßigen Wasserbedarf, liebt die Sonne, wächst aber auch im Halbschatten. Man sollte aber beachten, dass man sie auf einen lockeren, wasserdurchlässigen Boden pflanzt, denn auf Staunässe reagiert

↑ und ↗ Chinesische Winterblüte (*Chimonanthus praecox*), Blüten

sie empfindlich. Eine organische Düngung im Frühling ist sinnvoll. Unter den möglichen Pilzkrankheiten ist die Spitzendürre zu nennen, die jedoch durch Abschneiden der betroffenen Triebe mit einer desinfizierten Gartenschere leicht in den Griff zu bekommen ist. Ein Rückschnitt ist nicht unbedingt erforderlich, muss aber, wenn notwendig, im Frühjahr nach der Blüte erfolgen. Ab dem Spätsommer sind nämlich die Blütenknospen für das nächste Jahr bereits angelegt und würden damit entfernt.

Verwendung

Die Winterblüte wird in China schon seit über 1.000 Jahren kultiviert, in Europa ist sie seit 1766 in Kultur. Sie gehört zur Familie der Gewürzstrauchgewächse (Calycanthaceae) und so duften auch ihre Zweige pfeffrig-würzig. Ihrem ungewöhnlich frühen Blühzeitpunkt verdankt sie auch ihren Artnamen *praecox* (lat. = frühreif, frühzeitig). Die blühenden Zweige gelten in Japan als Glücksbringer und werden gerne zu Neujahr verschenkt und in die Vase gestellt. In China nutzt die traditionelle Medizin den angenehm zarten Duft zur Stimmungsaufhellung, außerdem wird er auch zum Beduften der Wäsche verwendet.

Früchte der Chinesischen Winterblüte (*Chimonanthus praecox*)

Chinesische Winterblüte (*Chimonanthus praecox*) in den Trauttmansdorffer Waldgärten

Das sagt unsere Gartenplanerin

Sträucher, die im Frühling oder Sommer blühen, gibt es in Hülle und Fülle und auch für den Herbst besteht kein Mangel. Wer jedoch einen Winterblüher für den Garten sucht, tut sich schwer. Neben der Chinesischen Winterblüte gibt es nur wenige Alternativen: etwa die Zaubernuss (*Hamamelis*), den Winterjasmin (*Jasminum nudiflorum*) und den Duft-Schneeball (*Viburnum farreri*) oder die herbst- bis winterblühenden Sasanqua-Kamelien.

Gabriele Pircher

Blühendes Revival
Dahlien

Dahlia

Dahlien sind wieder en vogue: Lange galten sie als wenig modern, aber seit einigen Jahren boomt der Markt geradezu. Zu Recht, denn Dahlien gibt es in fast allen Farben, Formen und Größen.

- sonnig bis halbschattig
- hoch bis mäßig
- in Mitteleuropa nicht frostresistent
- 20–150 cm
- VI bis zum ersten Frost

Ihre Vielfalt ist unschlagbar: von Mignon-Dahlien über Halskrausen-Dahlien, Anemonenblütige Dahlien und Kaktus-Dahlien bis hin zu Pompon- oder Ball-Dahlien. Die kräftig blühenden Pflanzen können nicht nur einzeln, sondern auch wunderbar als sommerliche Hecke gepflanzt werden, die bis in den Spätherbst hinein ihre Farbenpracht versprüht. Vor dem Frost müssen die empfindlichen Knollen allerdings aus dem Boden genommen und frostfrei überwintert werden.

Benannt nach dem schwedischen Botaniker Andreas Dahl, kamen Dahlien ursprünglich nur in Mexiko und teilweise in Guatemala vor, wo heute knapp über 40 Dahlien-Wildarten bekannt sind. Sie wachsen vor allem in Gebirgsregionen, oft auf steinigen Hängen und zuweilen bis über 3.000 Meter Meereshöhe. In den vergangenen zwei Jahrhunderten wurden aus diesen Wildarten etwa 50.000 Dahliensorten gezüchtet, mit unzähligen Blütenformen und -farben sowie völlig neuen Farbkombinationen, darunter auch viele begehrte Sammlerobjekte. Ihre Höhe reicht von 20 Zentimetern bei Zwerg- oder Mignon-Dahlien, die sich auch für den Balkon-

In der Trauttmansdorffer Dahliensammlung in den Landschaften Südtirols oberhalb des Bauerngartens können die Besucherinnen und Besucher in über 120 Dahliensorten eintauchen.

kasten eignen, über die durchschnittliche Höhe von 150 Zentimetern der meisten Sorten bis hin zu den bis sechs Meter hohen, riesigen Baumdahlien mit dicken, verholzten Trieben.

Blütenpracht

Dahlien zeigen alle erdenklichen Farbschattierungen: Weiße, gelbe, orange, rote, rosa, lila, violette und sogar mehrfarbige Blüten gibt es, lediglich Blautöne kommen nicht vor. Was wie eine einzelne Blüte aussieht, ist botanisch ein Blütenstand aus zahlreichen kleinen Einzelblüten, die in einem „Körbchen" zusammensitzen (Korbblütler). In der Mitte (Scheibe genannt) befinden sich die Röhrenblüten, aus denen der Griffel herausragt, außen herum sitzen die dekorativen Zungen- oder Strahlenblüten. Sie sind die „Marketingabteilung", die sich hübsch und auffällig gemacht hat, um Bestäuber anzulocken. Bei ungefüllten Dahlien ist die Scheibe deutlich sichtbar. Bei gefüllten Dahliensorten sind die Blütenköpfe so dicht besetzt mit Zungenblüten, dass die Scheibe nicht mehr zu sehen ist. Sie sind zwar besonders attraktiv, bieten Insekten aber kaum Nahrung.

↑ Ungefüllte, einfach blühende Dahlie (*Dahlia* 'Bright Eyes') mit Steinhummel (*Bombus lapidarius*)
↗ Stern-Dahlie (*Dahlia* 'Honka')

Standort und Pflege

Dahlien lieben einen sonnigen Standort, vertragen aber auch Halbschatten. Sie mögen humusreiche, lockere und luftdurchlässige Böden und bekommen im Frühling nach dem Austrieb und im Sommer eine organische Düngung. Ins Beet kommen Dahlien erst nach den letzten Spätfrösten im Frühjahr. Um eine frühere Blüte zu erzielen, lohnt es sich, die Dahlie im Topf vorzuziehen. Der Wasserbedarf ist mittelmäßig bis hoch. Wegen der Anfälligkeit gegenüber Pilzen sollten Dahlien nie über den Blättern gegossen werden, eine Tropfbewässerung wird empfohlen. Zu den möglichen Pilzkrankheiten zählen die Blattfleckenkrankheit, die Stängelfäule und der Grauschimmel. Probleme bereitet gelegentlich auch der Mehltau, hier sollte ab den ersten Infektionen nach jedem Regen mit Backpulver (Natriumhydrogencarbonat) entgegengewirkt werden. Schnecken können mit Dünger auf Basis von Zitronensäure und dem Spritzen von Lebermoosextrakt abgewehrt werden. Weitere mögliche Schädlinge sind Blattläuse, Blattwanzen, Eulenraupen, Ohrwürmer, Rote Spinnen und Weichhautmilben.

Überwinterung

Dahlien sind Knollenpflanzen. Sie bilden während der Wachstumsperiode Teile ihrer Wurzeln zu länglichen Knollen um, in denen sie Nährstoffe für den Neuaustrieb speichern. In Mexiko herrscht von November bis April Trockenzeit, in der die Dahlien eine natürliche Ruhephase einlegen, bevor die Knollen in der nächsten Regenzeit neu austreiben. In weiten Teilen Europas sind die Winter dafür zu kalt, die Ruhephase müssen die Dahlien-Knollen daher im Keller absolvieren. Sobald die ersten Fröste die oberirdischen Teile beeinträchtigen, werden diese auf ca. zehn Zentimeter Länge abgeschnitten und die Knollen ausgegraben. Dann müssen die Knollen von überschüssiger Erde gereinigt werden und können im Keller überwintern. Wichtig ist eine dunkle, kühle und trockene Lagerung, damit die Knollen nicht faulen. Zwischen den Stängeln sitzen die Knospen für den Neuaustrieb im nächsten Jahr, sie dürfen nicht beschädigt werden.

Verwendung

Dahlienblüten und -knollen sind essbar. Die Blütenblätter können in den Salat gestreut werden und schmecken je nach Sorte unterschiedlich. Die Knollen können geschält und wie Kartoffeln gekocht werden. Sie schmecken fenchel- oder sellerieartig bzw. nach Schwarzwurzel, Spargel oder Kohlrabi. Je länger die Knollen gelagert werden, desto süßer werden sie, weil das enthaltene Inulin in Fruktose umgewandelt wird.

↖ Halskrausen-Dahlie (*Dahlia* 'Pooh')

↑ Anemonen-Dahlie (*Dahlia* 'Totally Tangerine')

← Ball-Dahlie (*Dahlia* 'Dark Spirit')

Schön abhängen
Hängeampel

Hängeampeln sind wieder im Trend. Wenn der Platz im Haus oder auf Balkon und Terrasse knapp wird, kann man Pflanzen einfach aufhängen. Hängeampeln eignen sich sowohl für Topfpflanzen als auch für Schnittblumen und lassen sich einfach und kostengünstig selbst herstellen. Wir verwenden für unsere Hängeampel ein Glas aus der Altglassammlung als Vase, du kannst aber auch eine Dose oder einen Keramiktopf verwenden. Je nach Größe der Vase oder des Topfs kannst du selbstverständlich mit einer längeren und dickeren Schnur deine ganz individuelle Hängeampel knüpfen.

Zeitaufwand:
30 Minuten

Schwierigkeitsgrad:
leicht

Für eine Hängeampel benötigt man:

- Kordel oder Schnur, ca. 8 m lang und 3 mm dick
- Lineal und Schere
- einen Holzring, ca. 3–4 cm Durchmesser
- Holzperlen, ca. 1–1,5 cm Durchmesser
- Schnittblumen, z. B. Dahlien, Rosen, Sonnenblumen, oder Topfpflanzen nach Belieben
- einen Behälter (Glas, Dose oder Blumentopf), ca. 20 cm Höhe und 10 cm Durchmesser

So wird's gemacht:

1. Die Kordel in 4 je 2 m lange Teile schneiden. Um sie mit einem Knoten am Holzring zu befestigen, mit den einzelnen Kordeln eine Schlaufe bilden. Diese durch den Ring fädeln und die Enden der Kordeln durch den Schlaufenkopf ziehen, sodass die Schlaufen am Ring festgezogen werden. Jetzt sind 8 Kordeln zum Knüpfen vorhanden. Für die nächsten Schritte hilft es, den Ring an einem Nagel oder Türknauf zu befestigen.

2. Die 8 Kordeln in 4 Gruppen zu je 2 Kordeln aufteilen. In jeder Gruppe einen einfachen Knoten im Abstand von etwa 20 cm vom Ring knüpfen, sodass 4 identische Knoten auf gleicher Höhe entstehen.

3. Dann je 2 Kordeln von nebeneinander liegenden Gruppen nehmen. In etwa 6 cm Abstand zum vorher geknüpften Knoten miteinander verknüpfen. Diesen Schritt wiederholen, bis alle Bänder miteinander verknüpft sind und ein Zickzackmuster mit allen Bändern entstanden ist.

4. In einem Abstand von etwa 10 cm zum letzten Knoten einen großen Knoten aus allen 8 Kordeln knüpfen.

5. Zum Schluss die Enden in der gewünschten Länge abschneiden, eventuell noch Holzperlen für den individuellen Look einfädeln, und mit einem Knoten abschließen, sodass das Ende der Kordel ausfransen kann.

6. Den Behälter in die Blumenampel stellen, Wasser hinzufügen und dann die Blumen hineingeben.

Himmlische Düfte …
Die Duftblüte

Osmanthus fragrans

Duftpflanzen bringen die vierte Dimension in den Garten. Besonders freigiebig verbreitet der *Osmanthus* seinen süßen Duft, er ist pflegeleicht und eignet sich als Solitär ebenso wie als Hecke.

halbschattig
mäßig
frostempfindlich (Frostschäden ab −5 °C möglich)
3–6 m
VII–X

Duftliebhaberinnen und -liebhaber kommen an *Osmanthus* nicht vorbei, sorgt er doch für einen der betörendsten Pflanzendüfte im Garten – und das, obwohl die wachsartigen cremeweißen Blüten nur wenige Millimeter groß sind. Die Duftblüte verströmt ein erstaunlich intensives Bouquet aus Pfirsich-, Orangen-, Zitronen-, Magnolien- und Jasminnoten. Wenn sie im September in Trauttmansdorff aufblüht, verwandelt sich der Garten in ein wohlriechendes Paradies – und das im Herbst, wo Blütenduft sonst rar ist.

O. fragrans ist ein immergrüner Strauch und gehört zur Familie der Ölbaumgewächse, ist also verwandt mit dem Olivenbaum und trug früher auch denselben Gattungsnamen, *Olea*. Seine Heimat ist Ost- und Südostasien – im Osten des Himalayas wächst er bis auf eine Höhe von 3.000 Metern. In China wird er seit etwa 2.500 Jahren kultiviert und ist dort in wärmeren Gegenden ein beliebter Straßenbaum, er wird in Ostasien aber auch als Bonsai gezogen. Nach Europa kam die Duftblüte 1771 und ist heute in Italien häufig als Duft-

hecke zu finden. Frei wachsende Exemplare können im geeigneten Klima bis zwölf Meter groß und auch fünf Meter breit werden. Nach der Blüte reift eine kleine bläulich schwarze Steinfrucht.

Standort und Pflege

Die Duftblüte fühlt sich an einem halbschattigen Standort am wohlsten und ist sehr wärmebedürftig – leichten Frost verträgt sie nur kurzeitig, ab –5 °C sind Frostschäden möglich. Außerdem hat sie einen mäßigen Wasserbedarf und mag humusreiche, lockere und luftdurchlässige Böden. Damit vermeidet man Staunässe durch fehlenden Wasserabfluss. Eine organische Düngung im Frühjahr sorgt für eine ausreichende Nährstoffversorgung und fördert das Pflanzenwachstum. Für Krankheiten ist die Duftblüte kaum anfällig.

↑ Weiße Blüten der Duftblüte (*Osmanthus fragrans*)

↑↑ Orange blühende Varietät (*Osmanthus fragrans* var. *aurantiacus*)

Wie alle immergrünen Sträucher und Hecken wird die Duftblüte während der Sommermonate geschnitten, um ein ausreichendes Abreifen der Triebe zu ermöglichen. Einzelne Triebe können auch im Spätfrühling zurückgeschnitten werden, um den Strauch in Form zu bringen. Die gute Schnittverträglichkeit spricht für den immergrünen *Osmanthus.* In Gebieten mit mildem Klima kann er eine duftende Alternative zu den gängigen immergrünen Hecken (Thuja, Kirschlorbeer oder Portugiesischer Kirschlorbeer) sein.

Verwendung

O. fragrans wird nicht nur als Zierpflanze kultiviert – in Ostasien werden die Blüten auch geerntet, um damit Tee (daher der englische Name *tea olive*), Wein und Süßspeisen zu aromatisieren. Außerdem werden sie für Marmeladen, in der Kräutermedizin und Parfümerie sowie als Insektenabwehr im Kleiderschrank verwendet.

Burkwoods-Duftblüte (*Osmanthus* x *burkwoodii*) im Trauttmansdorffer Sinnesgarten

Das sagt unser Obergärtner

In Trauttmansdorff wächst *Osmanthus fragrans* im Immergrünen Lorbeerwald Ostasiens sowie im Palmenwald und verströmt ab Mitte September einen betörenden Duft. Neben der Art *O. fragrans* gibt es im Sinnesgarten auch die Stachelblättrige Duftblüte (*O. heterophyllus*) mit dornigen Zähnen an den Blättern, die jenen der Stechpalme (*Ilex aquifolium*) ähneln – sie besticht mit intensivem Fliederaroma. Ebenfalls im Sinnesgarten steht ein großes, kugelig geschnittenes Exemplar einer Frühlings- oder Burkwoods-Duftblüte: *O.* x *burkwoodii* blüht bereits im Frühjahr und duftet ebenso intensiv und süß.

Oliver Urlandt

Osmanthus-Tee

Den einzigartigen Duft des *Osmanthus* kann man sich auch ins Haus holen. Als Tee duftet er nicht nur, sondern schmeckt auch angenehm zart.

Dafür einfach die frischen oder getrockneten Blüten von *O. fragrans* in heißem, aber nicht kochendem Wasser (ca. 75 °C) 2–3 Minuten lang ziehen lassen oder zum Parfümieren anderen Tees beimischen. Der Tee duftet süßlich und hat einen angenehm lieblich-blumigen Geschmack.

Sonnenhungrige Wasserspeicher
Freilandsukkulenten

Sukkulenten sind wegen ihrer Formen- und Farbenvielfalt sehr dekorativ und zudem pflegeleicht. Manche Arten sind auch in Mitteleuropa winterhart – vorausgesetzt die Standortbedingungen passen.

- sonnig
- gering
- teilweise winterhart bis −25 °C
- bodendeckend bis 1,5 m
- ganzjährig attraktiv

Sukkulenz (lat. *succus* = Saft) ist die Fähigkeit vieler Pflanzenarten, Wasser zu speichern. Um an Standorten mit periodischem Wassermangel zu überleben, haben sie Pflanzenorgane wie Stamm, Blatt oder Wurzel zu Saftspeichern umgewandelt. Nach heftigen und meist kurzen Regenfällen müssen sie schnell ihre Wasserspeicher füllen, um während der oft monatelangen Trockenperioden davon zu zehren. Außerdem ist ihre Oberfläche im Verhältnis zum Volumen sehr gering, wodurch sie weniger Wasser verdunsten.

Sukkulenten gibt es in über 60 Pflanzenfamilien, dazu gehören die Kakteengewächse (Cactaceae), aber auch Dickblatt-, Portulak- oder Mittagsblumengewächse. Die meisten der weltweit über 9.000 Arten sukkulenter Pflanzen sind mit den Kakteengewächsen nur entfernt verwandt und kommen auch geografisch aus ganz unterschiedlichen Regionen. Kakteen sind also Sukkulenten, aber nicht alle Sukkulenten sind Kakteen. Die Kakteen stammen bis auf eine Art alle vom amerikanischen Doppelkontinent, während Dickblattgewächse sogar bis nach Grönland, Alaska und Sibirien verbreitet sind.

Weißer Mauerpfeffer (*Sedum album*) und Opuntie (*Opuntia humifusa*)

Freilandsukkulenten

Bei den Freilandsukkulenten handelt es sich nicht um eine verwandtschaftliche Gruppe, die Bezeichnung bezieht sich lediglich auf die Überlebensfähigkeit im Freiland im Winter – und diese ist abhängig vom geografischen Breitengrad, dem Klima und den Standortbedingungen vor Ort. Die in Mitteleuropa heimischen Freilandsukkulenten stammen aus der Familie der Dickblattgewächse (Crassulaceae), die in ihren dicken Blättern Wasser speichern. Dazu gehören Mauerpfeffer (*Sedum*), Hauswurz (*Sempervivum*), Fetthenne (*Hylotelephium*) und Rosenwurz (*Rhodiola*). Dickblattgewächse sind sehr dekorativ, viele sind wertvolle Futterpflanzen für Insekten und auch im Winter zierend.

Hauswurz-Arten (*Sempervivum* – lat. *semper* = immer und *vivus* = lebend) sind immergrün, ihre Blätter sind in Rosetten angeordnet und ändern oft im Laufe des Jahres ihre Farbe, die Blüten sind oft sternförmig ausgebreitet und weiß, gelb oder rosa gefärbt. Mauerpfeffer (*Sedum*) trägt ebenfalls immergrünes Laub und einige Sorten punkten sogar mit attraktiven roten Blättern, etwa *Sedum spurium* 'Fuldaglut'. Die Fetthenne

← Winterharte Opuntien (*Opuntia robusta* var. *guerrana* und *Opuntia lindheimeri*) in den Trauttmansdorffer Sonnengärten

↓ Opuntien-Früchte (*Opuntia lindheimeri*)

(*Hylotelephium*) trägt dickfleischige Blätter an bis 50 Zentimeter hohen Stängeln und gelbgrüne (*H. maximum*) oder rosapurpurne Blüten (*H. telephium*). Auch einige Vertreter aus der amerikanischen Familie der Kakteengewächse wie bestimmte Opuntien-Arten (*Opuntia*), der Igelsäulenkaktus (*Echinocereus*) und einige *Escobaria*-Arten sind bei ausreichender Drainage und Regenschutz in Mitteleuropa freilandtauglich.

Standort und Pflege

Die Heimat der Sukkulenten sind Halbwüsten, Steppen und auch Felsstandorte im Gebirge. Dort herrschen meist intensive Sonnenstrahlung, hohe Tagestemperaturen und eine starke nächtliche Abkühlung. Freilandsukkulenten eignen sich besonders für Trockenmauern, Steingärten und Dachbegrünungen, aber auch für Kübel, Balkonkisten oder Hochbeete in vollsonniger Lage. Sehr wohl fühlen sie sich auch in leicht geneigten Beeten an der Südseite des Hauses und bilden dort ihre schönsten Färbungen aus. Die hohen Fetthennen sind auch im Staudenbeet attraktiv. Wichtig ist ein sehr gut drainiertes Substrat, das locker und luftdurchlässig ist, denn Staunässe ist der größte Feind der Sukkulenten. Deshalb ist bei winterharten Arten der Regenschutz wichtiger als der Frostschutz, denn viele Sukkulenten

vertragen sogar kräftige Minusgrade – und erfreuen mit attraktivem Aussehen und schönen Blüten. Der Wasserbedarf ist insgesamt gering, außerhalb der Vegetationsperiode sollte überhaupt nicht gegossen werden.

Außer einer organischen Düngung im Frühjahr sind keine weiteren Pflegemaßnahmen nötig. Mögliche Schädlinge sind Dickmaulrüssler sowie Blatt-, Schild-, Woll- und Schmierläuse, denen mit verschiedenen ätherischen Zitrusölen und zinkhaltigen Blattdüngern entgegengewirkt werden kann. Mögliche Pilzkrankheiten sind Brennfleckenkrankheit, Fusarium-Welke, Wurzel- und Stängelfäule, Stammfäule, Schwarzer Rußtaupilz und *Rhizoctonia*-Fäule.

Zylinderopuntie (*Cylindropuntia echinocarpa*) in der Sammlung winterharter Sukkulenten unter der Trauttmansdorffer Schlossmauer

Das sagt unser Obergärtner

Seit dem Jahr 2000 wachsen in voll südexponierter Lage unterhalb der Schlossmauer von Schloss Trauttmansdorff sogar einige Amerikanische Agaven (*Agave americana*). Am unteren Rand des Lavendelfeldes haben wir zudem einige Opuntien-Arten ausgepflanzt, wie *Opuntia engelmannii* und *O. lindheimeri*, sie blühen ab Juni gelb und orangegelb und bilden einen schönen Kontrast zu den Lavendelblüten, die sich gleichzeitig öffnen. Sie alle verbreiten herrliches Urlaubsfeeling in den Gärten und müssen im Winter lediglich vor Regen geschützt werden. Zur Trauttmansdorffer Freiland-Sammlung gehören außerdem die sehr attraktive *Agave toumeyana* sowie einige Vertreter aus der Familie der Kakteen: der Igelsäulenkaktus *Echinocereus triglochidiatus* var. *inermis*, *Escobaria vivipara* und weitere interessante Opuntien-Arten (*Opuntia*) wie *O. fragilis*, *O. macrorhiza*, *O. phaeacantha*, *O. polyacantha* und Zylindrische Opuntien (*Cylindropuntia*) wie *C. echinocarpa*, *C. imbricata*, *C. kleiniae*, *C. leptocaulis*, *C. whipplei*, die regengeschützt mitteleuropäische Winter (–20 bis –25 °C) überstehen.

Oliver Urlandt

Amerikanische Agaven (*Agave americana*) und andere winterharte Sukkulenten unter der Trauttmansdorffer Schlossmauer

Paletten-Garten

Ein Paletten-Garten ist eine einfache und dekorative Idee, den Balkon oder die Terrasse zu gestalten. In unserem Beispiel haben wir für den Paletten-Garten Sukkulenten aus unserem Glashaus genommen, die nicht frostbeständig sind und dementsprechend im Winter in ein geeignetes Quartier umziehen müssen. Man kann hierfür aber natürlich auch winterharte Freilandsukkulenten verwenden.

Ausgangsmaterial ist eine handelsübliche Europalette aus dem Baumarkt. Damit die Palette bepflanzt werden kann, müssen auf der Unterseite zusätzlich drei Latten passender Länge im rechten Winkel zur Oberseite angenagelt werden. Sie dienen als Boden für die Pflanzkästen. Wichtig ist, eine Drainageschicht, z. B. aus Kies, einzubauen, damit sich keine Staunässe bildet. Nun kann die Palette noch nach Belieben angestrichen werden.

Frucht der Aphrodite
Der Granatapfel

Punica granatum

Der Granatapfelbaum gehört zu den ältesten Zier- und Nutzpflanzen der Menschheit. Mit seinen kräftig orangeroten Blüten und ebenso gefärbten Früchten sorgt er auch nördlich der Alpen für mediterrane Farbtupfer im Garten.

sonnig
mäßig
winterhart bis ca. −9 °C
2–4 m
VI–VIII IX–X

Granatäpfel treiben sehr spät aus, dafür blühen sie im Sommer, wenn viele der anderen Gehölze ihre Blütezeit schon hinter sich haben, und bilden im Herbst schöne Früchte. Art- und Vulgärname leiten sich wegen der vielen Samen vom römischen *malum granatum* (lat. *granum* = Korn), also gekörnter Apfel, ab.

Die trichterförmigen, leuchtend orangeroten, manchmal auch weißen oder cremegelben Blüten stehen in Büscheln von bis zu fünf Stück zusammen. Zur Fruchtreife bleiben die Spitzen des glockenförmigen, ledrigen Blütenkelches bestehen und „krönen“ die Frucht. Zwar werden die leckeren Früchte nördlich der Alpen selten genussreif, können aber für allerlei Dekorzwecke verwendet werden.

Ungefüllte Granatapfelblüten ↙ und Granatapfelfrucht (*Punica granatum*) ↑

Aber Achtung: Gefüllt blühende Granatapfelsorten bilden in der Regel keine Früchte aus, deshalb sollte, wer sich an den Früchten erfreuen will, einen einfach blühenden Granatapfel pflanzen.

Standort

Der Granatapfel liebt es sonnig und warm, nur dann bildet er Blüten und Früchte aus. Im Winter toleriert er Frost bis maximal –9 °C und der Boden muss neutral bis schwach sauer sowie locker und luftdurchlässig sein. Ein kleiner Granatapfelbaum oder -strauch lässt sich auch im Kübel ziehen und kann so drinnen überwintert werden. Da die Pflanze ihre Blätter abwirft, kann sie auch dunkel stehen, bei Temperaturen zwischen 2 und 8 °C. Sie braucht in dieser Zeit wenig Wasser und keine Düngung.

Pflege und Schnitt

Der Granatapfel ist ein dicht verzweigter Kleinbaum bzw. Strauch und wird zwei bis vier Meter hoch bei einer Breite von ebenfalls bis zu zwei Metern. Mit einem gezielten Rückschnitt, idealerweise im Frühjahr nach dem Austrieb, lässt er sich gut in Schach halten.

Alle zwei Jahre sollten einige ältere Äste entfernt werden, damit neue nachtreiben. Auch dicht übereinanderliegende und aneinanderreibende Äste werden entfernt – insgesamt sollte beim Rückschnitt rund ein Fünftel des Gesamtvolumens der Pflanze entfernt werden.

Der Granatapfelbaum hat einen mittleren bis hohen Nährstoffbedarf, dafür ist der Wasserbedarf nur mäßig bis gering. Im Frühjahr erhält er, egal ob er drinnen oder draußen überwintert hat, eine organische Düngung. Der Granatapfel ist unter guten Standortbedingungen nicht besonders anfällig für Krankheiten, gegen Blattläuse und Spinnmilben ist aber auch er nicht gefeit.

Verwendung

Die ungefähr apfelgroßen Früchte sind zunächst grün, später orangebraun bis rot gefärbt. Essbar sind die süß-säuerlichen, glasig-rubinroten Samenmäntel, die die vielen Samen umgeben. Granatäpfel sind reich an sekundären Pflanzenstoffen wie Antioxidantien (Flavonoide und Polyphenole), die sich positiv auf Herz-Kreislauf-Erkrankungen auswirken.

Tipp: Wer in seinem Garten keinen Platz für einen größeren Granatapfelstrauch oder -baum hat, für den gibt es auch Zwergsorten: *Punica granatum* var. *nana* bleibt klein und bildet kleine Zierfrüchte aus.

Zwerg-Granatapfel (*Punica granatum* var. *nana*)

Fruchtbarkeits- und Machtsymbol

Der Granatapfel stammt ursprünglich aus Vorderasien und wird im gesamten Mittelmeerraum seit der Antike kultiviert. Wegen der vielen Samen und der leuchtend roten Farbe der Früchte galt der Granatapfelbaum in vielen Kulturen als Fruchtbarkeits- und Machtsymbol, was ihm Eingang in die griechische Mythologie – er gilt als Symbol der Liebesgöttin Aphrodite – ebenso wie in die Bibel und den Koran verschaffte. Auch der Reichsapfel des Heiligen Römischen Reiches geht auf den Granatapfel zurück.

Granatapfel-Orangen-Saft

Der Saft des Granatapfels hat ein besonderes, fruchtig-saures Aroma. In Kombination mit Orangen lässt sich daraus ein erfrischend-leckerer Drink mixen.

Für zwei Gläser Saft benötigt man:

- 4 Orangen
- 1 reifen Granatapfel

So wird's gemacht:

Gepresst werden nur die roten Kerne des Granatapfels, da die Schale und die weißen Scheidewände Bitterstoffe enthalten. Um die Kerne zu lösen, rollt man die Frucht zunächst mit leichtem Druck über den Tisch und schneidet sie anschließend horizontal in zwei Hälften. Dann klopft man mit einem Löffel von außen auf die Schale, sodass die Kerne nach unten in eine Schüssel fallen. Zuerst die Kerne, danach getrennt die Orangen in eine Saftpresse geben. Den fertigen Saft in Gläser leeren, nach Belieben dekorieren und genießen.

Achtung! Granatapfelsaft hinterlässt hartnäckige Flecken, also Vorsicht beim Aufschneiden und Zubereiten.

Schattenliebende Allrounder
Hortensien

Hydrangea

Die Hortensie ist der Allrounder unter den Gartensträuchern. Sie bezaubert als Solitärstrauch, als Hecke oder flächig gepflanzt ebenso wie als Kübelpflanze auf dem Balkon oder der Terrasse. Ihre schöne und vor allem lange Sommerblüte macht sie zu einem Must-have.

schattig bis halbschattig
hoch
winterhart
1–20 m, je nach Sorte
VI–IX

Hortensien sind dankbare Pflanzen: Sie blühen lange, von Ende Juni bis in den Herbst, und zeigen dabei eine erstaunliche Farbenvielfalt – neben Blau und Weiß finden sich auch fast alle Rosatöne. Verschiedene Arten und Sorten und unterschiedliche Standortansprüche ermöglichen zudem den Einsatz in verschiedenen Ecken des Gartens. Die Kletterhortensie (*Hydrangea anomala* subsp. *petiolaris*) etwa kann mit ihren starken Haftwurzeln bis zu 20 Meter an einer Hauswand oder einem Baum hochwachsen. Hortensien punkten mit guter Winterhärte.

Die großen kugeligen oder abgeflacht-kranzförmigen Blütenstände machen Hortensien nicht nur optisch ansprechend, sondern locken auch viele Insekten an – sofern sie nicht ausschließlich aus sterilen Blüten bestehen, wie die Ballhortensien. Von der bekanntesten aller Hortensien, der Gartenhortensie (*H. macrophylla*), gibt es zahllose Sorten, die in zwei Gruppen eingeteilt werden: die Ballhortensien mit ihren ballförmigen Blütenständen aus überwiegend auffälligen sterilen Blüten und die Teller- oder Lacecap-Hortensien (engl. *lacecup* = Spitzenhäubchen) mit ihren flachen, teller- oder schirmförmigen Blütenständen und einem Kranz attraktiver steriler Randblüten.

Ein besonderer Blickfang ist die Schneeballhortensie (*H. arborescens*): Die großen weißen Blütenbälle der Sorten 'Annabelle' und 'Incrediball' mit bis zu 30 Zentimetern Durchmesser sind spektakulär. Die Wildart der Schneeballhortensie mit ihren deutlich kleineren

Blütenbällen war übrigens die erste Hortensie, die um 1736 in Europa eingeführt wurde.

Standort

Die meisten Hortensien bevorzugen schattige bis halbschattige Plätze. So z. B. die Gartenhortensien (*H. macrophylla*-Sorten), sie sind der ideale Farbgeber für schattige Gartenbereiche. Die Rispenhortensie (*H. paniculata*) hingegen kommt auch auf vollsonnigen Standorten zurecht, sie muss nur gut mit Wasser versorgt sein. Auch hier gibt es Sorten, die leicht ins Rosa gehen, wie die Sorte 'Vanille-Fraise'. Hortensien sind sogenannte Starkzehrer und brauchen ausreichend Nährstoffe und Wasser, was auch der botanische Gattungsname *Hydrangea* (griech. *hydor* = Wasser)

↑ Ballhortensie (*Hydrangea macrophylla* 'Gertrud Glahn') mit nur sterilen Blüten

↗ Tellerhortensie (*Hydrangea macrophylla* 'Mariesii') mit fertilen und sterilen Blüten

andeutet. Zum Düngen empfiehlt sich spezieller organischer Hortensiendünger im Frühling und zweimal im Sommer.
Notwendig ist in jedem Fall ein lockerer, humusreicher und feuchter sowie leicht saurer Boden mit pH-Werten zwischen 4,5 (intensiv blau) und 7,3 (rein rosa). Wichtig: Erst pH-Werte unter 5,2–5,4 machen die Blüten blau. Will man hingegen rosarote Blüten, muss der pH-Wert des Bodens höher als 5,5–6 liegen (ggfs. Kalk hinzugeben). Bläuen kann man übrigens nur rosarote Blüten – weiße Blüten bleiben weiß. Zur Blaufärbung trägt neben dem sauren Boden auch die Gabe von Aluminium-Sulfat (Alaun, erhältlich in Apotheken) bei.

Die beliebte Rispen-Hortensie (*Hydrangea paniculata* 'Vanille-Fraise') ↑↑ und die Eichenblättrige Hortensie (*Hydrangea quercifolia* 'Snowflake') ↑ tragen lange, kegelförmige Blütenstände.

Pflege und Schnitt

Obwohl Hortensien als pflegeleicht gelten, können ihnen einige Schädlinge und Krankheiten zusetzen, darunter Spinnmilben, Blattläuse, Thripse und Dickmaulrüssler, ebenso wie verschiedene Pilzkrankheiten, etwa Mehltau, Grauschimmel und Blattfleckenkrankheit. Wenn die Blattadern grün bleiben, während das Blattgewebe dazwischen heller wird, liegt ein Eisenmangel vor, der durch Zugabe von Eisendünger ausgeglichen werden kann. Im Herbst oder Winter (bei rauem Klima erst im Frühjahr!) können Hortensien geschnitten werden. Dabei erfolgt eine Kürzung bis auf zwei bis drei Augen je Trieb, bei zu dichtem Wachstum können ältere Triebe entfernt werden. Aber Achtung: Es gibt auch Sorten, die am zweijährigen Holz blühen!

Hortensien trocknen

Hortensienblütenstände sind auch getrocknet eine Augenweide. Schneidet man die Blütenstände kurz vor dem Verblühen ab und entfernt die Laubblätter, kann man die Blütenstände ganz einfach kopfüber zum Trocknen in einem dunklen und trockenen Raum aufhängen.

Tipp: Zum Trocknen eignen sich auch viele andere Blütenstände und Kräuter.

Ein Garten im Glas
Miniterrarium

Warum nicht einmal mit einem Glasgefäß und Naturmaterialien ein Miniterrarium gestalten? So ein Garten im Glas ist eine interessante Alternative zum schlichten Blumentopf. Er eignet sich gut zum Verschenken und lässt sich auch prima gemeinsam mit Kindern gestalten.

Zeitaufwand:
30–60 Minuten

Schwierigkeitsgrad:
leicht

Für ein Miniterrarium benötigt man:

- ein Glasgefäß
- verschiedenfarbigen Sand
- einen langen Löffel
- Pflanzenerde
- Pflanzen nach Belieben, z. B. kleine Baumsämlinge, kleine Farne, Flechten, Moos etc.
- Steine, Holz, Schneckenhäuser o. Ä. zum Dekorieren
- eine Pinzette

So wird's gemacht:

❶ In das Glasgefäß (z. B. Einweckglas) mehrere Schichten mit unterschiedlich gefärbtem Sand einfüllen. Dazu benutzt man am besten einen langen Löffel.

❷ Als oberste Schicht reichlich Erde hinzugeben und die Pflanzen einsetzen.

❸ Die Erde um die Pflanzen vorsichtig mit Moos bedecken.

❹ Nach Belieben mit Naturmaterialien dekorieren, am besten mit einer Pinzette.

❺ Gießen nicht vergessen! Aber immer erst dann, wenn das Substrat ausgetrocknet ist. Wichtig ist, dass keine Staunässe entsteht, sonst faulen die Wurzeln.

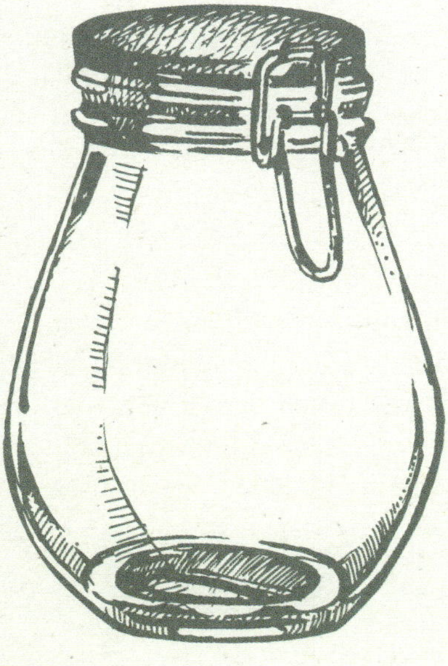

Banane des Nordens
Die Indianerbanane

Asimina triloba

„Bananen" aus eigener Ernte! Die Indianerbanane ist zwar nicht mit den echten Bananen verwandt, sie trägt ihren Namen aber nicht umsonst. Ihre Früchte schmecken exotisch süß und noch dazu ist sie erstaunlich winterhart und pflegeleicht.

halbschattig
mäßig
frostresistent bis −25 °C
4,5–9 m, in Kultur oft niedriger
IV–V VII–X, je nach Sorte

Die Indianerbanane kann problemlos in Mitteleuropa angebaut werden. Heimisch ist sie im gemäßigten Nordamerika und wurde dort bereits vor mehr als 500 Jahren von den Ureinwohnern angepflanzt. Bereits in einem Dokument aus dem Jahr 1541 wird berichtet, dass die Eingeborenen östlich des Mississippi-Flusses *Assimin* anbauen – so nannten sie die für die Entdecker fremdartigen Früchte.

Asimina triloba ist sommergrün und hat sehr große elliptisch-langgezogene, mittelgrüne Blätter, die ihre Farbe bis weit in den Herbst hinein behalten, bevor sie sich schließlich hellgelb verfärben. Die schalenförmigen Blüten mit sechs purpurrot-braunen Blütenblättern hängen im Frühjahr an den Zweigen der noch kahlen Bäume, ihr „Duft" erinnert leicht an faules Fleisch. Achtung: Alle Pflanzenteile außer das reife Fruchtfleisch sind wegen der in ihnen enthaltenen Acetogenine giftig. Bei Hautkontakt kann eine leichte Rötung vorkommen, allergische Reaktionen sind jedoch selten.

Früchte

Aus einer Blüte entwickelt sich ein dichtes Bündel von zwei bis neun Früchten, die wie „Finger einer Hand" an einem Büschel hängen. Es sind bis 300 Gramm schwere, längliche gelblich grüne Beeren mit einer Länge von fünf bis 18 Zentimetern und einem Durchmesser von bis zu zehn Zentimetern. Die Form der Früchte erinnerte die englischen Siedler Nordamerikas an Papayas, die sie in der Karibik *Pawpaw* nannten – *Pawpaw* oder *Papau* wurde daher zum englischen

Früchte ↑ und Blüten ↓ der Indianerbanane (*Asimina triloba*)

Vulgärnamen der Asimina. Das Fruchtfleisch ist weich und weißlich bis gelbgolden, süß und duftend. Typisch ist die Säurelosigkeit des Fruchtfleischs. Der Geschmack erinnert, je nach Sorte, an eine Mischung aus Banane, Ananas, Mango, Papaya, Erdbeere oder Kaki – Kenner sprechen daher vom typischen Asimina-Geschmack. Die Frucht ist reich an Proteinen, enthält Vitamin A und C, viel Kalium und Magnesium, aber auch Eisen, Mangan, Zink, Kupfer. Im Fruchtfleisch sind viele große braune Samen eingesenkt.

Verwendung

Weil der Reifegrad der Früchte am Baum nicht erkennbar ist, werden im professionellen Anbau Fallnetze unter den Bäumen gespannt. Nur die Früchte, die

Längsschnitt durch die Frucht der Indianerbanane (*Asimina triloba*)

vom Baum fallen, sind optimal reif und können direkt ausgelöffelt werden. Die Früchte halten sich bei Zimmertemperatur nur zwei bis drei Tage, können aber zu Fruchtpüree verarbeitet und eingefroren oder zu Marmelade, Kuchen, Chutney oder Eis weiterverarbeitet werden.

Standort und Pflege

In ihrer Heimat ist *Asimina triloba* ein kleiner Baum oder großer Strauch aus der Unterholzschicht der Wälder, wo er meist auf tiefgründigen, reichhaltigen, feuchten und sandigen oder lehmigen Böden wächst. Ideal ist deshalb Halbschatten, keinesfalls jedoch pralle Sonne. Asimina hält Wintertemperaturen bis –25 °C aus – nur zur Blütezeit darf es keinen Frost geben, sonst geht man bei der Ernte leer aus. Asiminapflanzen sind bei passenden Standortbedingungen pflegeleicht, notwendig ist lediglich eine organische Düngung im Frühjahr.

Zucht und Anbau

Die Indianerbanane wird seit Anfang des 20. Jahrhunderts in den USA gezüchtet. Es existieren über 70 Sorten, von denen etwa 20 eine überregionale Bedeutung haben. Seit 1983 werden auch in Italien, in der Emilia Romagna bei Faenza, neue Sorten gezüchtet. In Südtirol wurden 2013 die ersten Indianerbananenplantagen angelegt. In Eppan an der Weinstraße begannen zwei Freunde mit ca. 900 Bäumen der Sorten 'Prima1216' und 'Sunflower' auf einer Fläche von 3.000 Quadratmetern. In den ersten Jahren lag der Ertrag bei fünf Kilogramm Früchten pro Baum, im Vollertrag ab dem achten bis zehnten Standjahr sind auch zehn Kilogramm pro Baum möglich.

Indianerbananen-Schoko-Muffins

Bei diesen leckeren Muffins verbindet sich das feine Aroma der Indianerbanane perfekt mit dem Geschmack von Erdnuss und Schokolade. Wichtig: Die Samen der Indianerbananen vor der Verarbeitung entfernen, sie sind nicht essbar.

Was man für 12 Muffins benötigt:

- 300 g Indianerbananen
- 2 Eier
- 75 g Zucker
- 200 g Mehl
- 100 g Erdnussbutter
- ca. 50 ml Milch
- 1 Handvoll Schokostückchen
- 1 Päckchen Backpulver

So wird's gemacht:

❶ Den Backofen auf 175 °C Ober- und Unterhitze vorheizen. Das Muffinblech mit Papierförmchen auslegen oder einfetten. ❷ Die Indianerbananen halbieren und durch ein Sieb drücken, so werden die nicht essbaren Teile (Schale und Samen) getrennt. Oder man löffelt einfach das Fruchtfleisch aus und zerdrückt es (ohne die Samen) mit einer Gabel. ❸ Eier und Zucker schaumig schlagen, anschließend die anderen Zutaten nacheinander hinzugeben und verrühren. ❹ Den Teig in die Muffinvertiefungen oder Förmchen füllen, bis diese ungefähr zu drei Vierteln gefüllt sind. Muffins ca. 20–25 Minuten backen, mittels Stäbchenprobe überprüfen, ob sie durchgebacken sind.

Blickfang und Dufterlebnis
Der Japanische Losbaum

Clerodendrum trichotomum

Ein Japanischer Losbaum ist ein Highlight und eignet sich hervorragend auch für kleinere Gärten. Mit seinen prächtigen spätsommerlichen Blüten und seinen imponierenden Fruchtständen im Herbst zieht er alle Blicke auf sich.

sonnig oder halbschattig
mäßig
winterhart bis ca. −12 °C
4–5 m
VIII–IX IX–XI

Der Losbaum ist eine gute Wahl, wenn man einen kleinen Baum oder Strauch mit intensivem Duft für den Garten sucht. Er blüht als einer der wenigen Kleinbäume erst im August – und seine cremeweißen, leicht rosa angehauchten Blüten sind eine wahre Augenweide. Der süße und an Vanille und Lilien erinnernde Duft lockt nachtaktive Schwärmer zum Nektarbüffet. Auch die großen weichen Blätter weisen einen außergewöhnlichen Duft auf: Zerrieben riechen sie nach Erdnussbutter.

Das Farbenkleid, in das sich der Japanische Losbaum im Herbst hüllt, steht der Blütenpracht in keiner Weise nach. Die rosaroten Blütenkelche verwandeln sich in purpurrote Sterne, in deren Mitte jeweils eine beerenähnliche, blauschwarze Frucht sitzt. Wenn zur Zeit der Blüte Insekten gerne den Nektar und die Pollen der Blüten naschen, bedienen sich im Herbst die Vögel, vom starken Farbkontrast angezogen, an den Früchten und verbreiten so die Samen.

Standort

Ein Losbaum kann in Mitteleuropa vier bis fünf Meter hoch werden und oft auch ebenso breit. Er ist ein kleiner bis

Fruchtstand und Früchte des Japanischen Losbaumes (*Clerodendrum trichotomum*)

mittelgroßer, sommergrüner Baum oder Strauch für warme, geschützte Plätze, die sonnig oder auch halbschattig sein können. Die Erde sollte humusreich, locker und vor allem wasserdurchlässig sein, denn Staunässe mag der Losbaum ganz und gar nicht. Der Japanische Losbaum ist gut hitzeverträglich und als eine der wenigen *Clerodendrum*-Arten ausreichend winterhart (kurzzeitig bis −15 °C), um auch in wintermilden Regionen Mitteleuropas überwintern zu können.

Im Garten ist der Losbaum vielfältig einsetzbar. Seine kompakte Krone gestaltet schattige Sitzplätze und ergibt mit ihrer schirmartigen Form einen schönen Habitus.

Für diese halbschattigen bis schattigen Bereiche bietet sich die Kombination mit schattenliebenden Stauden und Bodendeckern an. Gut eignen sich Funkien (*Hosta*), Japangras (*Hakonechloa macra*), Krötenlilien (*Tricyrtis*), Astilben (*Astilbe*), Elfenblumen (*Epimedium*) und Ähnliches.

Pflege

Im Februar oder März ist ein leichter Form- oder Erhaltungsschnitt ratsam, ebenso wie eine organische Düngung. Bei idealen Standortbedingungen ist der Losbaum unempfindlich und pflegeleicht. Lediglich Spinnmilben können zum Problem werden, diese sind jedoch mit verschiedenen Nützlingen leicht unter Kontrolle zu bringen.

Blüten und Blütenstände des Japanischen Losbaumes (*Clerodendrum trichotomum*)

Japanischer Losbaum (*Clerodendrum trichotomum*) im Trauttmansdorffer Palmenwald

Das sagt unsere Kuratorin

Zwei Dinge liebe ich am Losbaum: den Duft und die unglaublich schönen, zierenden Früchte. In Trauttmansdorff betört der Duft besonders an langen Sommerabenden bei einem Spaziergang durch den Palmenwald zum Seerosenteich, bei einem der Gartenkonzerte des „World Music Festival" oder bei einer „Himmlische Düfte"-Führung durch den Sinnesgarten. Mit etwas Glück kann man auch Nachtfalter beobachten, wie sie mit ihrem langen Saugrüssel den Nektar aus den Blütenröhren holen. Und dann im Herbst verwandeln sich die wunderschönen Blütenkelche zu himbeerroten Sternen mit stahlblauen kugeligen Früchten in der Mitte – richtige kleine Schmuckstücke.

Karin Kompatscher

Exotische Schönheit
Die Japanorchidee

Bletilla striata

Die meisten kennen und lieben Orchideen auf der Fensterbank. Dass es aber auch winterharte Arten gibt, die im Garten gedeihen, wissen die wenigsten. Die pflegeleichte Japanorchidee ist eine gute Wahl für Einsteiger, die sich erstmals an Orchideen im Garten wagen wollen.

- halbschattig bis sonnig
- mäßig
- an geschütztem, sonnigem Standort winterhart bis etwa –10 °C
- 20–50 cm
- IV–V

Japanorchideen sind kleine Schätze und sollten unbedingt öfters in unseren Gärten gepflanzt werden. Sie bezaubern durch ihre wunderbaren Blüten und sind in vielen Gegenden Mitteleuropas winterhart. Die Japanorchidee, auch Hyazinthenorchidee oder Chinesische Erdorchidee genannt, schmückt sich von April bis Mai mit vielen, bis zu 30 Zentimeter hohen Blütenständen, an denen sich bis zu sieben, meist kräftig pinkfarbene, duftende Blüten versammeln. Auch weiß blühende Kultursorten gibt es. Nach der Blüte erfreut sie mit ihrem schlanken Laub, bevor sie sich im Herbst in den Boden zurückzieht und im Frühjahr aus der Knolle wieder austreibt. Der lateinische Artname *striata* bedeutet gestreift und bezieht sich auf die attraktiven gerippten oder längs der Blattadern leicht gefalteten lanzenförmigen Blätter. Mittlerweile sind bereits einige Züchtungen und eine gute Sortenauswahl verfügbar, etwa mit weißem Blattrand oder weißen Streifen. Es gibt noch eine Reihe weiterer winterharter Orchideen, die sich für den Garten eigenen. Jedoch verlangen sie mehr Wissen und Pflege und vor allem die richtigen Standortvoraussetzungen.

Japanorchidee (*Bletilla striata* 'Pink')

Frauenschuhe (*Cypripedium*), Knabenkraut (*Dactylorhiza*), Tibetorchidee (*Pleione*), Stendelwurz (*Epipactis*) und einige andere beeindrucken durch ihre speziellen Blüten. Auch von diesen Freilandorchideen gibt es mittlerweile eine gute Sortenauswahl.

Standort und Pflege

Mit ihren etwa 20 bis maximal 50 Zentimetern Höhe ist die Japanorchidee recht zierlich und fühlt sich im Halbschatten, aber auch in der Sonne wohl. An einem geschützten, sonnigen Platz kann sie bis –10 °C überstehen. Heimisch ist diese Orchideenart in Südostasien. In Japan, Korea und Myanmar wächst sie bis auf eine Höhe von 3.000 Metern. Dort findet man sie in Gruppen in lichten Nadel- und Laubwäldern auf Grashängen mit sandigem Boden. Während die meisten Orchideenarten, die wir von der Fensterbank kennen, Epiphyten sind, also auf anderen Pflanzen, z. B. tropischen Bäumen, aufsitzen, ist die *Bletilla* eine Erdorchidee, wie alle Orchideen der gemäßigten Klimazone.

Die *Bletilla* liebt einen leichten, aufgelockerten, humusreichen und gut

Knollen der Japanorchidee (*Bletilla striata*), für die Teilung und Vermehrung freigelegt

drainierten Boden. Sie hat einen mittleren Wasserbedarf und braucht nicht gedüngt zu werden, sie ist außerdem unempfindlich gegen Schädlinge oder Krankheiten. **Tipp:** In klimatisch rauen Gegenden kann man Japanorchideen auch in einem Topf ziehen, der im Sommer in die Erde eingesenkt und im Herbst wieder herausgenommen wird, um kühl, aber frostfrei zu überwintern.

Vermehrung

Diese Orchidee vermehrt sich über ihre Knollen und verbreitet sich so relativ schnell im Gartenbeet. Es ist nicht ungewöhnlich, dass man nach zwei bis drei Jahren eine kleine Gruppe mit 15 bis 20 Blütenstängeln erhält, vorausgesetzt die *Bletilla* ist auf einem idealen Standort gepflanzt und trocknet im Sommer nicht aus. Um mehrere Pflanzen zu erhalten, ist die Teilung der Knollen möglich: Dazu gräbt man sie vorsichtig aus, wäscht die Erde ab und zieht den Knollen- und Wurzelballen vorsichtig mit den Händen auseinander. Auch die Aussaat von Samen, die nach der Blüte in den Kapseln reifen, ist möglich.

Berühmte Namensgeber

Der Gattungsname *Bletilla* leitet sich von dem der Orchideengattung *Bletia* ab, die in Südamerika heimisch ist. Der Orchideenforscher und Leiter des Botanischen Gartens Hamburg Heinrich Gustav Reichenbach (1824–1889) benannte die neue Orchideengattung *Bletilla*, also kleine *Bletia*, weil sich die beiden Gattungen ähneln, die südamerikanischen Orchideen aber deutlich größere Blüten aufweisen. Der Name *Bletia* wiederum geht auf den spanischen Hofapotheker Luis Blet (1742–1808) zurück, der an der Südamerikaexpedition teilnahm, auf der die Orchideengattung entdeckt wurde.

Weiß blühende Sorte der Japanorchidee (*Bletilla striata* 'Alba')

Das sagt unser Obergärtner

Diese wuchsfreudige Gartenorchidee bereitet mir sehr viel Freude, und ist der Standort richtig – ein kalkfreier, lockerer Boden ohne Staunässe –, dann braucht sie, außer einer jährlichen organischen Düngung, kaum noch Pflege.

Oliver Urlandt

Asiatische Eleganz
Kamelien

Camellia

Weiß, rosa, rot, gelb – die Kamelien bezaubern mit ihrer Blütenpracht in den verschiedensten Farben. Über 20.000 Sorten gibt es. Viele blühen nicht nur im Frühling und im Herbst, sondern auch mitten im Winter.

- schattig bis halbschattig
- mäßig
- Frostresistenz standort- und sortenabhängig
- 1,5–9 m
- IX–V, je nach Art/Sorte

Kamelien bringen Eleganz in den Garten. Die zahlreichen Arten und Sorten unterscheiden sich vor allem durch ihre Blüten, aber auch durch Wuchsform, Blattformen und Blühzeitpunkt, der zwischen September (herbst- und winterblühende – Sasanqua-Kamelien, *Camellia sasanqua*) und Mai (frühjahrsblühende – Japanische Kamelien, *C. japonica*) liegt. Mit ihren immergrünen, glänzenden Blättern sind die Großsträucher bzw. Kleinbäume aber auch abseits der Blüte interessant.

Die Farbskala der Kamelienblüten reicht von Weiß über Rosatöne bis Dunkelrot und von Hell- bis Dunkelgelb. Auch mehrfarbige, gestreifte, gefleckte, andersfarbig gerandete oder geaderte Blüten kommen vor. Ihre Größe reicht von sehr klein (1 cm) bis sehr groß (20 cm). Sie sind entweder ungefüllt oder gefüllt, haben also wenige (höchstens zwölf) oder sehr viele Blütenblätter. Beim Verblühen fallen die Blüten bei vielen Sorten als Ganzes ab – dann kann man sie auflesen und in einer Glasschüssel wie kleine Seerosen schwimmen lassen.

Herkunft und Geschichte

Kamelien stammen aus Ost- und Südostasien, mit Zentrum in Süd- und Südwestchina bis hinüber nach Japan. Seefahrer brachten die ersten Exemplare Mitte des 18. Jahrhunderts nach England. Von dort erreichten die Kamelienpflanzen um 1760 den Englischen Garten des Königspalastes von Caserta in Süditalien, wo sie ein geeignetes Klima fanden, um im Freien zu wachsen. Eine dieser Pflanzen ist dort noch immer zu bestaunen und soll die älteste Kamelie auf europäischem Boden sein.

Ein regelrechter Kamelienrausch begann um 1800, als einige gefüllt blühende Sorten nach Europa kamen. Wie zwei Jahrhunderte zuvor während der Tulpenhysterie wurden für seltene Kamelien hohe Geldsummen bezahlt. Kamelien wurden zu einer Ikone der Schönheit und des Luxus und fanden Eingang in den Roman „Die Kameliendame“ von Alexandre Dumas und die Oper „La Traviata“ von Giuseppe Verdi. Heutzutage gibt es über 20.000 Kameliensorten, die alle für einen normalen Geldbeutel erschwinglich sind.

Gefüllt blühende karminrote, weiß gefleckte Japanische Kamelie (*Camellia japonica* 'Professore Giovanni Santarelli')

↖ Sasanqua-Kamelie (*Camellia sasanqua* 'Setsugekka'), halbgefüllt, herbst- und winterblühend

↑ Japanische Kamelie (*Camellia* 'Lavinia Maggi'), gefüllt, frühjahrsblühend

← Netznervige Kamelie (*Camellia reticulata* 'Miss Tulare'), gefüllt, frühjahrsblühend

Kamelien sind nicht nur Ziergehölze mit prächtigen Blüten, sondern auch Nutzpflanzen: Der Teestrauch, *C. sinensis*, ist die wirtschaftlich wichtigste Art unter den Kamelien. Der Legende nach sollen dem chinesischen Kaiser Shennong (3200 v. Chr.) einige Blätter in einen Kessel kochenden Wassers gefallen sein. Als er das Wasser trank, soll er eine erfrischende, belebende Wirkung verspürt haben. Erst 1191 kam der Tee aus China nach Japan.

Standort und Pflege

Die meisten Kamelienarten wachsen in der Natur auf sauren, humusreichen Böden im Unterwuchs lichter Gebirgswälder bis auf 1.000 Meter Meereshöhe, bei hoher Luftfeuchtigkeit und oft schneereichen Wintern. In Südeuropa und an der Alpensüdseite sowie in milden Gegenden Englands können fast alle Kamelien im Freien kultiviert werden. Die Winterhärte hängt sehr vom Kleinklima und den Witterungsbedingungen ab: –5 °C mit Sonne und Wind sind schädlicher als ein bedeckter Himmel bei kurzzeitig –10 °C. Ideal ist jedenfalls ein Klima mit hoher Luftfeuchtigkeit und genügend Niederschlag. Die Japanische Kamelie (*C. japonica*) ist die frosthärteste Kamelienart. Die aus dieser Art gewonnenen Sorten sind die weltweit am häufigsten gepflanzten.

Wer nördlich der Alpen eine Kamelie in wintermilden Gegenden – etwa im Weinbauklima – im Garten ausprobieren will, muss ein Plätzchen mit idealem Mikroklima haben, sie im Winter schützen (z. B. mit Vlies einpacken) und eine frostresistentere Sorte wählen. Im Schatten eines Hauses, hoher Koniferen oder anderer immergrüner Bäume, geschützt vor kalten Winden, winterlicher Morgensonne oder praller sommerlicher Mittagssonne, gedeihen sie am besten. An zu schattigen Standorten blühen sie allerdings nur wenig. Die herbstblühende *C. sasanqua* braucht sogar viel Sonne und Wärme, um viele Blütenknospen anzusetzen.

Kamelien bevorzugen einen niedrigen pH-Wert. Sollte dieser nicht gegeben sein, muss das Erdreich ausgetauscht werden. Ideal ist eine lockere, durchlässige, leicht saure Erde, verbessert mit verrottetem Laub, Kompost oder Rinde.

Japanische Kamelie (*Camellia* 'Lavinia Maggi') im Trauttmansdorffer Palmenwald

Als immergrüne Pflanzen müssen sie auch im Winter gegossen und vom Frühjahr bis zum Frühsommer gepflanzt werden, damit sie bis zum Herbst gut einwurzeln und die Triebe vor den Frösten gut ausreifen. In klimatisch ungünstigen Gegenden können Kamelien auch im Kübel kultiviert werden, vorausgesetzt man hat ein kühles und helles Winterquartier.

Eine organische Düngung mit Kamelien- oder Rhododendrondünger im Frühling ist erforderlich, mögliche Schädlinge sind Thripse, Schildläuse, Dickmaulrüssler, Rote Spinne, Zikaden, Raupen und Wühlmäuse. Unter den Pilzkrankheiten sind die Blütenfäule und die Blattfleckenkrankheit zu nennen.

Die letzten Kamelienblüten im Herbst (*Camellia* x *vernalis* 'Egao'), halbgefüllte Blüten

Winterstrauß mit Kamelien

Auch im Winter kann man wunderschöne Sträuße binden. Für unseren Winterstrauß haben wir eine Kameliensorte mit gefüllten weißen Blüten (*Camellia* 'Brushfield's Yellow') verwendet. Damit die eleganten Blüten nach dem Schnitt einige Tage gut halten, sollte man nur Zweige mit leicht geöffneten Knospen schneiden. Für den besonderen Farbtupfer haben wir eine dunkelviolette Lenzrose (*Helleborus purpurascens* 'Atrorubens') ausgewählt, eine Staude, die schon mitten im Winter aufblüht. Schneiden soll man sie erst, sobald sich in der Blütenmitte die dekorativen Balgfrüchte gebildet haben, denn ansonsten welken die Blüten innerhalb weniger Stunden. Kamelie und Lenzrose haben wir mit Zweigen verschiedener immergrüner Pflanzen wie Gelbkiefer (*Pinus ponderosa*) und Eukalyptus (*Eucalyptus gunnii*) kombiniert.

Mittelmeer-Feeling für zu Hause
Lavendel

Lavandula

Lavendel steht für berauschenden Duft, intensive Blütenfarbe und warme Sommertage. Auch im Garten oder auf dem Balkon versprüht er seinen unverwechselbaren Charme.

- sonnig
- gering
- frostresistent bis –6 bzw. –15 °C
- 30–100 cm, je nach Sorte
- VI–VIII

Besonders eindrucksvoll ist der Lavendelanbau in der Provence. Alljährlich verwandelt sich dort die Landschaft von Ende Juni bis Anfang August in einen blauvioletten Blütenteppich. Im gesamten Mittelmeerraum heimisch, nutzten bereits die Römer den Schopf-Lavendel, um daraus duftende Badeessenzen zu gewinnen. So kam die Pflanze auch zu ihrem Namen, der sich vom lateinischen *lavare* für „waschen“ ableitet. Die Benediktiner-Mönche sollen den Echten Lavendel schließlich über die Alpen gebracht haben. Seine erste Nennung findet sich bei Hildegard von Bingen (1098–1179), die seine verschiedenen Wirkungen, etwa gegen Läuse, beschreibt.

Die Lippenblüten des Lavendels sind wahre Insektenmagnete, daher sollte er in keinem Garten, auf keiner Terrasse und keinem Balkon fehlen. Neben dem Echten Lavendel (*Lavandula angustifolia*) gibt es 46 verschiedene Arten, Unterarten und Hybriden, darunter den Schopf-Lavendel (*L. stoechas*) und den Speik-Lavendel (*L. latifolia*). Der Schopf-Lavendel fällt durch seine großen violett-purpurnen Tragblätter an der Spitze des Blütenstandes auf, die den namengebenden Schopf bilden. Er ist ein schöner Sommerblüher, erleidet aber bereits ab –6 °C Frostschäden. Speik-Lavendel ist etwas winterhärter und kann im Mittelmeerraum zu einem beachtlichen Halbstrauch heranwachsen. Er zeichnet sich durch breitere Blätter und ein kräftiges kampferartiges Aroma aus. Der Zahnlavendel (*L. dentata*) punktet mit fiederteiligen Blättern. Ein Klassiker ist die intensiv blaue Sorte *L. angustifolia*

'Hidcote Blue'. Sie wächst eher langsam und kompakt und verfügt über eine gute Winterhärte. Es gibt mittlerweile Hunderte Lavendel-Kultursorten am Markt – auch rosa und weiß blühender Lavendel ist erhältlich.

Standort

Lavendel liebt die Sonne und kommt mit wenig Wasser aus. Staunässe ist auf jeden Fall zu vermeiden. Am besten gedeiht er auf kargen, sandigen Böden mit einem basischen bis neutralen pH-Wert. Eine organische Düngung im Frühling reicht fürs gesamte Jahr. Der Echte Lavendel hält Temperaturen bis ca. −15 °C aus und kann auch in Mitteleuropa meist im Freien überwintern, sofern er Wasser aus dem Boden holen kann. Ansonsten besteht die Gefahr der Frosttrocknis – das Problem ist also eher das Vertrocknen, nicht das Erfrieren. Andere Lavendel-Arten sind etwas empfindlicher: Speik-Lavendel hält Temperaturen bis ca. −9,5 °C aus, Schopf-Lavendel nur bis ca. −6,5 °C. In rauen Lagen ist also Winterschutz nötig, empfindliche Arten sollte man drinnen kühl und hell überwintern.

Lavendelschnitt in Trauttmansdorff, Echter oder Schmalblättriger Lavendel (*Lavandula angustifolia*)

Schmalblättriger Lavendel (*Lavandula angustifolia*) mit Segelfalter (*Iphiclides podalirius*) in Trauttmansdorff

Pflege

Lavendel ist mehrjährig und sollte recht bald nach der Blüte zurückgeschnitten und in Form gebracht werden. Dabei auf keinen Fall ins alte Holz schneiden, sonst treibt er dort nicht mehr aus. Im Frühjahr erfolgt nach dem letzten Frost der Grundschnitt: Die Pflanze kann bis zu zwei Dritteln zurückgeschnitten werden. Dabei werden verholzte und vertrocknete Teile aus dem vergangenen Jahr entfernt. Der Rückschnitt sollte bei trockenem Wetter erfolgen, um Pilzinfektionen zu vermeiden. Die Gartenschere sollte außerdem öfters desinfiziert werden, um eine Übertragung von Krankheiten zwischen den Pflanzen zu verhindern.

Unter den Schädlingen bereitet vor allem der Lavendelkäfer Probleme: Er kann in kurzer Zeit alle Knospen abfressen. Mit Knoblauchextrakt kann er jedoch gut bekämpft werden. Bei den Pilzkrankheiten ist vor allem auf die Stängelgrundfäule zu achten, hier gilt es, die Pflanze vorbeugend mit Stärkungsmitteln zu kräftigen.

Die Vermehrung der Pflanzen erfolgt vorzugsweise durch Stecklinge, die beim Schneiden im Frühjahr oder Sommer entnommen werden. Dazu wählt man etwa fünf bis zehn Zentimeter lange junge Triebe, die mindestens zwei bis drei Blattpaare tragen.

Verwendung

Die ganze Lavendelpflanze, vor allem aber die Blüten, enthalten reichlich ätherische Öle. Je nach Art und Sorte kann aus 120 Kilogramm Frischmaterial etwa 1 Kilogramm ätherisches Lavendelöl destilliert werden. Es ist das wichtigste ätherische Öl in der Aromatherapie und kann sowohl anregen als auch entspannen. Es hilft bei kleineren Verbrennungen und wirkt außerdem antibakteriell, antiviral und entzündungshemmend. Lavendelblüten eignen sich getrocknet hervorragend für Duftkissen oder Duftsträuße und verfeinern Süßspeisen – besonders aromatisch schmecken Lavendelkekse (siehe Anwendungstipp). Die Blätter der jungen Triebe werden in der Küche ähnlich wie Rosmarin verwendet.

Lavendelkekse

Lavendelkekse haben einen feinen und außergewöhnlichen Geschmack. Durch das unverwechselbar würzige Lavendelaroma wecken sie zu jeder Jahreszeit Erinnerungen an Sonne und Süden.

Für die Lavendelkekse benötigt man:

- 250 g Butter
- 150 g Zucker
- 2 Eier
- 250 g Roggenmehl
- 1,5 EL Lavendelblüten, getrocknet
- 2 EL Milch
- 1 Prise Salz
- 1 TL Backpulver
- 250 g zarte Haferflocken

So wird's gemacht:

❶ Die weiche Butter mit dem Zucker und den Eiern schaumig rühren. Die restlichen Zutaten miteinander vermischen und nach und nach zur Schaummasse geben. ❷ Mit einem Esslöffel kleine Teighäufchen auf ein mit Backpapier ausgelegtes Blech geben und mit dem Löffel flach drücken. ❸ Die Plätzchen im vorgeheizten Backofen bei 170 °C (Umluft) 12–15 Minuten backen.

Die Blumen des Buddha
Lotosblumen

Nelumbo

In Asien sind die im Wasser wachsenden Lotosblumen ein Symbol für Reinheit und Erleuchtung. Die Indische und die Amerikanische Lotosblume lassen sich auch in Mitteleuropa kultivieren.

sonnig
hoch
frostresistent
25–180 cm
VI–IX VII–IX

Lotosblumen gehören zu den schönsten Wasserpflanzen: Sie bezaubern mit ihren wasserabweisenden Blättern, den fantastischen Blüten und den trichterförmigen Blütenböden, die Gießkannen-Brausen ähneln. Die Lotos von Trauttmansdorff wachsen im Seerosenteich in der Bucht des Palmenwaldes und bringen mit ihren eleganten Blütenknospen im Sommer die Besucherinnen und Besucher zum Staunen.
Die Indische Lotosblume (*Nelumbo nucifera*) blüht rosa, sie stammt ursprünglich aus dem gemäßigten China. Sie ist die „heilige Lotosblume" des Buddhismus und gilt als Symbol der Reinheit, Unberührtheit und Vollkommenheit. Buddha soll der Legende nach aus dem Herzen einer Lotosknospe dem Wasser entstiegen sein. Die Amerikanische

Trichterförmiger Blütenboden ↙ und Blüte ↑ einer weiß blühenden Lotosblume (*Nelumbo* 'Alba Grandiflora')

Lotosblume (*N. lutea*) blüht dagegen gelb und ist an der Atlantikküste der USA bis hinunter nach Mexiko zu Hause. Aus beiden Arten sind unzählige Ziersorten hervorgegangen.

In allen Größen

Der Lotos ist eine sommergrüne Wasserpflanze. Er treibt aus einem unterirdischen Rhizom aus, das im Schlamm verankert ist. Die Wuchshöhe variiert stark: Zwergsorten sind bis zu 25 Zentimeter groß, Riesen erreichen bis zu 1,8 Meter. Eine einzige Pflanze kann bis vier Quadratmeter Wasserfläche bedecken. Die blaugrünen, teils über 60 Zentimeter breiten, schildförmigen Blätter trägt der Lotos an langen Stielen über dem Wasser (Seerosenblätter hingegen schwimmen auf der Wasseroberfläche).

Die schalenförmigen Blüten erheben sich von Juni bis September bis über die Blätter. Sie können einfach oder gefüllt sein, weisen einen Durchmesser von zehn (z. B. Zwergsorte 'Baby Doll') bis 30 Zentimeter auf und tragen 20 bis 180 Blütenblätter. Die Blüten öffnen sich morgens und schließen sich abends, die Farbtöne des Indischen

Lotos reichen von Weiß über Rosa bis zu einem intensiven Pink. Es gibt aber auch gelb blühende Sorten sowie zwei- und dreifarbige, bei manchen ändert sich zudem die Farbe während der Blütenreife.

Standort und Pflege

Der Lotos bevorzugt warme und sonnige Standorte mit maximal zweieinhalb Meter Wassertiefe. In Klimazonen, die durch strengere Winter gekennzeichnet sind, durchläuft er eine Ruheperiode und kann dank des im Boden verankerten Rhizoms überleben. Auch in Trauttmansdorff überwintert der Lotos im unbeheizten Teich, zuweilen auch unter einer Eisdecke. Er überwintert auch weiter nördlich an vielen Orten in Teichen, blüht aber selten, weil die Sommer oft zu kühl und wechselhaft sind.

Wichtig ist eine Pflanzung im Frühjahr (Anfang April bis Anfang Juni), denn das Rhizom des Lotos ist sehr frostempfindlich. Lotosblumen sind Starkzehrer und müssen während der Wachstumsphase regelmäßig mit Tabletten für Teichpflanzen gedüngt werden. Diese werden etwa fingertief im Wurzelbereich der Pflanze in den Boden gedrückt.

Verwendung

Die Früchte der Lotosblume sind kleine, bis zwei Zentimeter lange, eiförmige Nüsschen, die im Blütenboden stecken. In jeder Blüte entwickeln sich bis zu 45 dieser kleinen Nüsschen. Die reifen Samen darin sind essbar und werden in Asien, ebenso wie das Rhizom und die Blätter des Lotos, vielseitig in der Küche verwendet. Floristen verwenden die Blütenboden-„Trichter“ für Blumengestecke.

Lotoseffekt

Der Lotos ist seit über 2.000 Jahren das Symbol der Reinheit, aber erst in den 1980er-Jahren verriet der Blick ins Rasterelektronenmikroskop den Grund: Lotosblätter haben einen Überzug aus mikroskopisch kleinen Wachs-Noppen, die die Haftung von Fremdstoffen oder Schadorganismen minimieren. Dadurch perlt das Wasser von den Blättern und mit ihm die Schmutzpartikel. Die moderne Technik imitiert den Lotoseffekt mit Oberflächen, die mikroskopisch rau sind und dadurch selbstreinigend sein sollen.

Tipp: Kübel als Alternative

Man braucht nicht unbedingt einen Teich, um zu Hause eine Lotospflanze zu ziehen. Eine gute Alternative für klein bleibende Sorten ist die Kultur in Kübeln mit mindestens 20 Liter Fassungsvermögen. Aber Achtung – beim Pflanzen darf auf keinen Fall das Rhizom verletzt werden. Man bettet es am besten in ein lehmig-sandiges Substrat ein und füllt den Kübel nicht gleich bis zur vollen Höhe mit kalkarmem Wasser, sondern folgt einfach dem Wachstum der Blätter. Bei genügend Wärme (>20 °C) – in schwarzen Behältern erwärmt sich das Wasser schnell – blüht der Lotos ohne Probleme. Die Überwinterung erfolgt dunkel und kalt, aber frostfrei in der Garage oder im Keller.

Lotosteich in der Bucht des Trauttmansdorffer Palmenwaldes

Symbol des Südens
Die Mittelmeer-Zypresse

Cupressus sempervirens

Zypressen gehören zur mediterranen Landschaft wie kaum ein anderer Baum. Um eine südländische Optik in den Garten zu bringen, braucht es jedoch ein günstiges Klima und den richtigen Schnitt.

sonnig
mäßig
frostresistent bis –12 °C
20–25 m
I–III VII–XI jedes 2. Jahres

Zypressen sind die Charakterbäume des Mittelmeerraums. Sie prägen die Silhouette der Kulturlandschaften in Italien, Griechenland, Frankreich und Spanien. Untrennbar verbunden sind sie mit der Toskana, wo sie ein typischer Alleebaum sind: hügelige Landschaften, durch die sich schmale zypressengesäumte Straßen schlängeln.

Die Mittelmeer-Zypresse ist ein 20 bis 25 Meter hoher immergrüner Baum. Die Kulturformen der 'Stricta'-Gruppe (die seit dem Altertum kultivierten Säulenformen der Mittelmeerzypresse) besitzen meist straff aufrecht angeordnete Äste, die eine säulen- bis schmal kegelförmige Krone bedingen. Sie wachsen unter günstigen Bedingungen erstaunlich schnell und können innerhalb von zehn Jahren eine Höhe von vier bis sechs Metern erreichen.

Standort

Die Mittelmeer-Zypresse gedeiht unter ähnlichen Klimabedingungen wie der Ölbaum: –12 °C gelten als Temperaturminimum, mit Frostschäden ist ab –14 °C zu rechnen. Nördlich der Alpen ist sie also nur an klimatisch begünstigten Orten ausreichend winterhart, wächst

In Trauttmansdorff begrüßen Zypressen (*Cupressus sempervirens*) die Besucherinnen und Besucher bereits im Eingangsbereich der Gärten.

langsamer und wird auch weniger hoch. Im Allgemeinen bevorzugt sie ein sonniges, trockenes Plätzchen mit humusreichem, locker-luftdurchlässigem Boden und hat einen mittleren Wasserbedarf. Mittelmeer-Zypressen lassen sich auch als Hecke schneiden und als Wind- oder Sichtschutz verwenden. Wenn das Klima die Freilandpflanzung nicht zulässt, kann die Zypresse, wie andere Mittelmeerpflanzen auch, im Kübel gezogen werden. Allerdings sind ein helles, kühles Winterquartier mit mäßigem Gießen und eine gute Nährstoffversorgung erforderlich.

Pflege

Das größte Problem der Mittelmeer-Zypresse ist der Zypressenkrebs. Erreger ist der Schadpilz *Seiridium cardinale,* er dringt über Verletzungen des Baumes ein und führt zum Absterben. Das Besprühen mit verschiedenen Stärkungsmitteln verlangsamt die Ausbreitung des Befalles. Der erste Schritt ist jedoch die Bekämpfung von Läusen, z. B. mit zinkhaltigem Blattdünger, da diese die Überträger des Pilzes sind. Weitere mögliche Pilzkrankheiten sind *Phytophthora cinnamomi* und *Kabatina thujae,* weitere mögliche Schädlinge

Zypressen (*Cupressus sempervirens*) im Trauttmansdorffer Olivenhain ← und vor der Remise ↓

sind Miniermotten, Borkenkäfer oder Schmierläuse. Eine organische Düngung im Frühling ist ratsam, ebenso wie ein säulenförmiger Rückschnitt im Sommer. Zum einen, um einen dichten, schlanken Wuchs zu fördern, zum anderen, um Winterschäden durch schweren Schnee zu vermeiden. Dabei ist es wichtig, nur die grünen Triebe zu schneiden und nicht bis ins alte Holz. Ab einer gewissen Höhe sollte man die Unterstützung eines Fachbetriebes in Anspruch nehmen, der über eine Hebebühne verfügt.

Alternativen zur Zypresse

Wer seinen Garten an einem klimatisch weniger begünstigten Ort hat, muss nicht auf die attraktive Säulenform verzichten. Als Alternative zur Mittelmeer-Zypresse bieten sich Säulen-Eiche, Wacholder oder Scheinzypresse an, mit denen man ähnliche Effekte erzielen kann.

Verwendung

Zypressen werden seit Jahrhunderten im Mittelmeergebiet angepflanzt. Sie liefern ein wertvolles Holz, das sehr dauerhaft ist und auch im Boden oder unter Wasser kaum verrottet. Jahrhundertelang war es daher ein wichtiges Rohmaterial für die zivilisatorische Entwicklung, die Zypresse wurde dementsprechend schon früh in weitem Umfang kultiviert.

Mediterran-alpine Kontraste: Zypressen (*Cupressus sempervirens*) im Eingangsbereich der Gärten

Das sagt unser Obergärtner

Wer seinem Garten einen südländischen Touch verleihen möchte, für den ist *Cupressus sempervirens* genau die richtige Wahl. Die Mittelmeer-Zypresse lässt Gedanken an den Urlaub erwachen – Erinnerungen an den Gardasee, die Toskana und viele andere traumhafte Orte Italiens.

Oliver Urlandt

Zarte Verwandlungskünstlerin
Die Mutabilis-Rose

Rosa chinensis f. mutabilis

Als Königin der Blumen darf die Rose in keinem Garten fehlen. Einen besonderen Charme versprüht die Mutabilis-Rose. Ihre zarten, flatternden Blüten schmücken den Garten bis in den Winter hinein und bieten zahlreichen Insekten Nahrung.

- sonnig
- mäßig
- winterhart bis –15 °C
- 1–3 m
- V–XI

Die Mutabilis trägt ihren Namen, weil sich die Farbe ihrer Blütenblätter (ver-)wandelt. Sie gehört zur Gruppe der China-Rosen und zeichnet sich durch eine überraschende Robustheit aus. Sie blüht fast das ganze Jahr über – selbst im Schnee trägt sie manchmal noch Blüten. Sie braucht allerdings viel Sonne, um ihre volle Blütenpracht zu entfalten. Aufgrund ihrer hohen Schädlingstoleranz und wegen des großen ornamentalen und landschaftlichen Wertes wurde sie vom Weltverband der Rosengesellschaften in die „Hall of Fame" der historischen Rosensorten aufgenommen.

Ab Mai öffnen sich kupferrote Knospen zu ungefüllten, „flatternden" Blüten, die wie zarte Schmetterlinge wirken und täglich ihre Farbe wechseln: Die unterschiedlich gewellten Blütenblätter sind im Aufblühen auf der Innenseite honiggelb und auf der Außenseite orange und färben sich dann zu einem kupfrigen Lachston, der schließlich in Karminrosa und Karminrot übergeht. Dadurch sind Blüten in den verschiedenen Farbtönen gleichzeitig am Strauch und erzeugen ein faszinierendes Farbenspiel. Mit den Farben spielen übrigens nicht nur die Blüten: Im Austrieb sind Triebe und

Blätter sowie die Stacheln der Mutabilis-Rose purpurrot gefärbt, die Blätter werden später blaugrün. Im Herbst leuchten dann die Hagebutten in Orange und Rot.

Standort und Pflege

Die Mutabilis ist eine Strauchrose, die zwischen einem und – mit Kletterhilfe – drei Meter hoch wachsen kann. Sie liebt einen sonnigen und geschützten Standort mit einem humusreichen, lockeren und luftdurchlässigen Boden und hat einen mittelhohen Wasserbedarf. Rosen sollten grundsätzlich einmal im Frühling und einmal im Sommer organisch gedüngt werden, z. B. mit Hornspänen und Kompost.

Rosen gelten als anfällig für Pilzkrankheiten, vor allem für Mehltau. Hier hilft eine Behandlung mit abwechselnd Lecithin und Backpulver, sobald man die ersten Infektionen festgestellt hat und dann nach jedem Regen. Gegen Rostpilze, Sternruß- und Mehltau kann ab Blattaustrieb monatlich mit verschiedenen Mitteln wie Schachtelhalm-, Knoblauch- oder Brennnesselextrakt vorbeugend gestärkt werden. Wichtig ist das sorgfältige Entfernen aller kranken

Mutabilis-Rose (*Rosa chinensis* f. *mutabilis*)

↑ Mutabilis-Rose (*Rosa chinensis* f. *mutabilis*) im Rosengarten von Trauttmansdorff
↘ Blüten und Hagebutten der Mutabilis-Rose (*Rosa chinensis* f. *mutabilis*) im Herbst

Blätter an den Pflanzen und auf dem Boden in den Wintermonaten, damit die Krankheiten nicht übertragen werden. Bei allen Pilzkrankheiten gilt: Nicht über den Blättern gießen! Empfehlenswert ist eine Tropfbewässerung.

Unter den tierischen Schädlingen steht die Rosenblattlaus an erster Stelle. Sie wird mit Knoblauchextrakten oder mit zink- und schwefelhaltigem Blattdünger ferngehalten. Die Behandlungen zur Pflanzenstärkung sind nur am frühen Morgen oder am Abend durchzuführen, da es sonst zu Verbrennungen auf den Blättern kommen kann.

Schnitt

Der Rosenschnitt ist eine Wissenschaft für sich und je nach Sorte sehr unterschiedlich. Bei den meisten Rosen sollten die Triebe mit verwelkten Blüten auf

ca. zwei bis drei Augen zurückgenommen werden. Zusätzlich sollte im Frühling ein Rückschnitt erfolgen, wobei man auch einige ältere Triebe entfernt, um neue zu fördern. Je nach Wuchs der Pflanze muss man den genauen Schnitt vor Ort bestimmen.

Geheimnisvolle Herkunft

Die Herkunft der Mutabilis ist mysteriös. Es ist nicht bekannt, wie sie in den Garten der Isola Bella des Prinzen Borromäus (Principe Gilberto Borromeo) im Lago Maggiore kam. Bekannt ist lediglich, dass der Prinz die Rose 1896 dem Schweizer Pflanzenexperten Henry Correvon geschenkt haben soll, der sie im Inselgarten entdeckt hatte. Correvon nahm die Rose mit in die Schweiz, von wo aus sie das übrige Europa und die Vereinigten Staaten eroberte.

Das sagt unsere Gartenplanerin

Es gibt eine unüberschaubare Menge an Rosensorten. Viele der neuen Sorten weisen eine gute Resistenz gegen verschiedenste Pilzerkrankungen auf, was für den Naturgarten besonders wichtig ist. Achte bei der Auswahl der Rosensorte aber nicht nur auf den Duft oder die Krankheitsresistenz, sondern auch auf eine ungefüllte Blüte, denn sie ist Futterquelle für viele Insekten. Auch die Mutabilis bildet wie viele Wildrosen im Spätsommer und Herbst attraktive Früchte aus.

Gabriele Pircher

Mediterraner Methusalem
Der Olivenbaum

Olea europaea

Der knorrige Stamm, die silbrigen Blätter und die appetitlichen Früchte: Der Olivenbaum bildet gemeinsam mit Zypressen und Zitrusgewächsen das mediterrane Dreigestirn.

sonnig
gering bis mäßig
frostresistent bis −10 °C
bis 10 m
V–VI X–XII

Ölbäume zählen zu den ältesten Kultur- und Charakterpflanzen des Mittelmeergebietes. Bereits Ägypter, Griechen und Römer verwendeten Öl und Holz der Olivenbäume und bis heute werden sie intensiv genutzt. Olivenbäume können ein beträchtliches Alter erreichen, das älteste bekannte Exemplar steht auf Kreta und soll geschätzte 4.000 Jahre alt sein. Der Olivenzweig ist Symbol für Frieden, neues Leben und Hoffnung.

Olivenbäume sind enorm vital, sie bilden auch dann noch neue Äste, wenn das Stamminnere abgestorben und hohl ist. Je älter Ölbäume werden, desto attraktiver werden sie, denn erst mit dem Alter bildet sich der charakteristische, knorrig verdrehte Stamm mit Rissen und Hohlräumen heraus. Über die Jahre und Jahrhunderte wachsen so bis zu zehn Meter hohe Bäume mit oft monumentalem Erscheinungsbild heran. Hinzu kommen die dekorativen silbrigweißen Blätter, die man sonst kaum bei immergrünen Fruchtbäumen findet. Olivenbäume blühen ab Ende Mai gelblich weiß und unscheinbar, die Blüten duften aber angenehm.

Eine besondere Attraktion in den Gärten von Schloss Trauttmansdorff ist der knorrige Olivenbaum aus Sardinien, dessen Alter mittels dendrochronologischer Analyse auf 500 bis 700 Jahre bestimmt wurde. Wegen seines Gewichtes von fast sechs Tonnen musste eigens ein Anhänger gebaut werden, um ihn über die schmalen Wege an seinen jetzigen Standort zu bringen.

↙ Reifende Oliven einer sehr frostresistenten Sorte (*Olea europaea* 'Frantoio')

Standort und Pflege

Olivenbäume brauchen viel Licht und wenig Niederschlag. Sie sind empfindlich gegen hohe Luftfeuchtigkeit und Staunässe und wachsen am liebsten auf trockenem, steinigem, kalkhaltigem Untergrund. Die nördliche Anbaugrenze für Olivenkulturen liegt in Italien am Gardasee und in Meran. Frostschäden an den Blättern entstehen bereits ab −10 °C, unter −14 °C erfroren in einer Studie am Gardasee die Blätter irreversibel. Für Blüten- und Fruchtansatz braucht es mindestens 15 °C, für die Fruchtentwicklung sind mittlere Temperaturen um 20 °C nötig. In kühleren Klimaten kann man den Olivenbaum daher nur als Kübelpflanze halten. Die Überwinterung soll wie bei den meisten immergrünen Pflanzen hell und kühl erfolgen, gegossen wird nur mäßig. Der Olivenbaum ist eine robuste Pflanze, im Kübel gehalten ist aber eine organische Düngung im Frühjahr ratsam.

Mögliche Schädlinge sind Schildläuse, Dickmaulrüssler und Wiesenschaumzikaden, in Olivenkulturen im Mittelmeerraum sind Krankheiten wie Olivenkrebs und Feuerbakterium gefürchtet. Augenfleckenkrankheit kann bei Überkopfbewässerung oder langen Regenperioden auftreten. Bei zu hoher Luftfeuchtigkeit ist der Olivenbaum auch für andere Pilzerkrankungen anfällig. Darauf ist insbesondere bei der Überwinterung zu achten. Alle zwei Jahre ist zudem ein kräftiger Rückschnitt im Februar oder März erforderlich.

Verwendung

Die Steinfrüchte reifen innerhalb von vier bis sechs Monaten und sind zwischen Oktober und Dezember reif. Sie variieren farblich von grün bis blauschwarz, je nach Sorte und Reifestadium. Einem Jahr mit reichem Fruchtbesatz folgt stets ein Jahr mit schwachem (Alternanz). Die Früchte schmecken roh bitter und müssen vor dem Verzehr eingelegt werden (siehe Tipp) oder sie werden zu Öl gepresst, wobei 100 Kilogramm Früchte rund 15 Liter Olivenöl ergeben. Die höchste Qualität hat kalt gepresstes natives Olivenöl „extra vergine“.

Das sagt unser Obergärtner

In Trauttmansdorff steht der nördlichste Olivenhain Italiens, mit 20 Bäumen in südexponierter Lage, direkt unter der Schlossmauer. Bis Juni ragen die Olivenbäume aus einem mit rotem Mohn gesprenkelten Kornfeld, ab Juli dann aus einem Meer von Sonnenblumen. Diese Bäume der besonders frostresistenten Sorte 'Frantoio' kamen etwa 50-jährig aus Arco am Gardasee. Sie wurden 1996 gepflanzt und waren die ersten Pflanzen im neu entstehenden Botanischen Garten. Jahr für Jahr werden seitdem rund 100 Kilogramm Oliven in Trauttmansdorff geerntet und daraus zehn Liter Olivenöl gewonnen. Ein sattes Gelbgrün und ein intensiver Duft nach Oliven, grünen Mandeln und Artischocken sowie ein zartbitterer Beigeschmack bestimmen den fruchtig-frischen Charakter des Trauttmansdorffer Olivenöls.

Oliver Urlandt

Eingelegte Oliven

Eingelegte Oliven sind ein leckerer Snack und wichtiger Bestandteil vieler Gerichte der mediterranen Küche. Auch zu einem italienischen oder griechischen Vorspeisenteller gehören sie unbedingt dazu.

Für eingelegte Oliven benötigt man:

- Oliven (frisch)
- Salz
- 1 Zitrone (Saft)
- Olivenöl
- evtl. aromatische Kräuter (z. B. frische Thymian- und Rosmarinzweige, Lorbeerblätter etc.)

So wird's gemacht:

❶ Die Oliven einritzen und für mindestens zehn Tage mit Wasser bedeckt an einen kühlen, dunklen Ort stellen. Die Oliven gelegentlich umrühren und das Wasser täglich wechseln. ❷ Sobald die Oliven ihre Bitterkeit verloren haben (durch Probieren testen), legt man sie in eine zehnprozentige Salzlösung ein (100 g Salz pro Liter Wasser). Dazu das Wasser mit dem Salz und dem Saft einer Zitrone aufkochen und wieder abkühlen lassen. In dieser Mischung sollten die Oliven noch einmal ca. zwei Wochen gut durchziehen. ❸ Das Salzwasser durch ein Sieb weggießen und die Oliven in ein Glas geben. Olivenöl dazugeben, bis die Oliven vollständig bedeckt sind. Je nach Geschmack können auch aromatische Kräuter hinzugefügt werden.

Strahlende Schönheiten
Passionsblumen

Passiflora

Ihr unverkennbares Merkmal sind die Blüten mit dem Strahlenkranz: Die einzigartigen Passionsblumen sind mehrjährige Kletterpflanzen, die es in zahlreichen Arten und Sorten gibt. Einige bilden sogar essbare Früchte aus.

sonnig
mäßig
in Mitteleuropa nicht winterhart, außer *Passiflora caerulea* (frostresistent bis −15 °C)
bis 15 m
VI–X VII–X

Passionsblumen sind eine faszinierende Pflanzengattung, die im Garten und auch auf kleinen Balkonen exotisches Flair verbreitet. Viele Arten bilden außerdem schmackhafte Früchte aus. Die bekannteste Passionsblume ist die *Passiflora caerulea* (lat. *caeruleus* = himmelblau). Sie ist in milden Gebieten der Nordhemisphäre teilweise immergrün und die einzige Art, die sich in Mitteleuropa, im Weinbauklima, im Freien kultivieren lässt.
Die ersten Passionsblumen kamen Anfang des 17. Jahrhunderts nach Europa. Spanische Mönche sollen Papst Paul V. eine Blüte überbracht haben, nachdem sie aus den Missionsgebieten Südamerikas zurückgekehrt waren. In den Blütenteilen sahen sie verschiedene Elemente der Passion Christi, so kam die Pflanze zu ihrem Namen.

Blätter, Blüten, Früchte

Die Blätter der *Passiflora*-Arten sind äußerst variantenreich – die kleinsten messen nur einen halben Zentimeter, die Blätter der *P. macrophylla* hingegen fast einen Meter. Die Blüten bleiben meist nur einen Tag geöffnet und sind extrem kompliziert aufgebaut.

Blaue Passionsblume (*Passiflora caerulea*). Spanische Mönche sahen im Strahlenkranz die Dornenkrone, in den fünf gelben Staubbeuteln die Wunden und in den drei violetten Narben die Nägel der Passion Christi.

Blickfang ist der Strahlenkranz, in dem der Blütenduft produziert wird. Die Blütengröße reicht je nach Art von wenigen Millimetern bis zu 20 Zentimetern.
Etwa 60 *Passiflora*-Arten bilden essbare Beerenfrüchte aus, die je nach Art von sehr unterschiedlicher Größe, Form und Färbung sind. Gegessen wird der weißliche, gelbe oder orange bis rötliche geleeartige Samenmantel (Arillus). Die Samen selbst können ausgespuckt oder geschluckt werden. Weltweit am bedeutendsten und auch in unseren Breiten bekannt ist die Passionsfrucht *P. edulis* (lat. *edulis* = essbar) mit purpurvioletten bzw. die Maracuja mit gelben Früchten. Beide müssen bei mindestens 6 °C überwintert werden.

Die Blaue Passionsblume (*P. caerulea*) bildet im Spätsommer eiförmige, bis sieben Zentimeter lange orangegelbe Früchte. Die roten Samenmäntel in der Frucht sind zwar essbar, allerdings werden sie in Mitteleuropa nur selten reif und sind auch nicht sehr schmackhaft.

Standort und Pflege

Die meisten der etwa 550 *Passiflora*-Arten stammen aus den Tropen und Subtropen Mittel- und Südamerikas und gedeihen in Mitteleuropa nur als Kübelpflanzen, die vor den Frösten ins Winterquartier übersiedeln müssen. Dieses sollte hell, aber nicht zu warm (je nach Art zwischen 7 und 15 °C) sein. Außerdem sollten Passionsblumen während der kalten Jahreszeit nur mäßig gegossen werden. Einzig die *P. caerulea* wächst an warmen und geschützten Südmauern auf Pergolen bis 15 Meter hoch und kann Temperaturen bis –15 °C überstehen. Mit gutem Winterschutz ist auch die weiß blühende Sorte *P. caerulea* 'Constance Elliot' einigermaßen frostresistent.

Alle Arten benötigen zum Klettern eine Rankhilfe, bevorzugen einen sonnigen Standort sowie einen humusreichen, locker-luftdurchlässigen Boden und haben einen mittelhohen Wasserbedarf. Eine organische Düngung im Frühling ist für eine üppige Vegetation und Blüte notwendig. Mögliche tierische Schädlinge sind Spinnmilben und Thripse, eine mögliche Pilzkrankheit ist der Rußtau. Da sich die Blüten an den jungen Trieben bilden, ist im Frühjahr, kurz vor Beginn der Vegetationsperiode, ein starker Rückschnitt empfehlenswert. Es genügt, lediglich drei Augen auf den Seitentrieben stehen zu lassen, die Pflanze treibt anschließend umso stärker wieder aus.

Riesen-Granadilla (*Passiflora alata*). Highlight der bis zehn Zentimeter großen duftenden Blüten mit den roten Blütenblättern ist der violett-weiß gestreifte gewellte Strahlenkranz. Sie ist nur bis 5 °C winterhart und braucht ein warmes Winterquartier.

Passiflora holosericea: Eine reich blühende zierliche Passionsblume aus Mexiko und Kuba. Sie ist wärmeliebend und hält nur kurzzeitig Temperaturen unter 10 °C aus.

Das sagt unsere Kuratorin

In den Gärten von Schloss Trauttmansdorff haben wir die Pergola oberhalb des Italienischen Gartens in den Wasser- und Terrassengärten für die Passifloren reserviert. Sie können hier mit einer Einhausung überwintern. Mich begeistert besonders die *Passiflora* 'Manta' mit ihren ledrigen, panaschierten Blättern, die an Manta-Rochen erinnern, und den zierlichen Blüten mit dem dunkelpurpur-gelb auslaufenden Strahlenkranz. Spektakulär ist auch die Riesen-Granadilla *P. alata,* die wegen ihres vierkantigen Stängels unverwechselbar ist und vor allem durch die riesigen dunkelroten Blüten mit weiß-violett gestreiftem Strahlenkranz auffällt.

Karin Kompatscher

Leuchtender Wuschelkopf
Der Perückenstrauch

Cotinus coggygria

Der Perückenstrauch hat im Herbst seinen großen Auftritt, wenn er mit einer prächtigen Laubfärbung auffällt. Mit seinen haarigen Fruchtständen ist er aber auch im Frühsommer eine echte Augenweide.

sonnig
mäßig
winterhart bis –20 °C
30 cm–5 m
V–VI VI–IX

Einer der schönsten auch in Südtiroler Flaumeichenwäldern heimischen Sträucher ist der Perückenstrauch. Seinen großen Auftritt hat er im Herbst, wenn sich, nach den ersten kühlen Nächten, die Blätter orangegelb bis scharlachrot färben. In dieser Zeit ist sein Laub vor allem im Gegenlicht wunderschön. Bei manchen Sorten verfärben sich die Blätter nicht erst im Herbst, sondern sind ganzjährig purpurrot.

Ab Ende Mai zeigen sich am Perückenstrauch unscheinbare gelblich grüne Blüten in lockeren, bis 20 Zentimeter langen Blütenständen. Die Stiele der sterilen Blüten strecken sich fadenförmig und sind besetzt mit vielen Härchen, die je nach Sorte weißlich, rosa

oder rötlich gefärbt sein können. Diese Fruchtstände fallen von Weitem auf und verleihen dem Strauch sein perückenartiges Aussehen. Ihnen verdankt er auch seinen deutschen Namen. Italiener und Engländer hatten offenbar andere Assoziationen, sie nennen ihn *Albero della nebbia* (Nebelbaum) bzw. *Smoke Tree* (Rauchbaum). Die Stiele der befruchteten Blüten bleiben hingegen unbehaart und tragen kleine abgeflachte Steinfrüchte mit netzförmiger Oberfläche, die sehr leicht sind und vom Wind verbreitet werden.

Standort und Pflege

Der Perückenstrauch wird in der Natur etwa 30 bis 70 Zentimeter groß, kann aber, wenn er baumförmig gezogen wird, auch fünf Meter Höhe erreichen. Er ist von Südeuropa bis nach China verbreitet. Südtirol, Niederösterreich und das Wallis bilden die natürliche Nordverbreitungsgrenze in Europa. Seit dem 17. Jahrhundert gibt es ihn auch als Zierstrauch. Er ist sehr wärmeliebend und hitzeverträglich, hat einen mittelmäßigen Wasserbedarf und gedeiht an sonnigen, gerne auch felsigen Standorten. Die Ziersorten lieben einen humus-

← und ↑ Perückenstrauch (*Cotinus coggygria*) mit Fruchtständen

reichen, lockeren und luftdurchlässigen Boden. Die Wildart des Perückenstrauches ist unempfindlich, mögliche Pilzkrankheiten wie etwa die *Verticillium*-Welke oder der Mehltau treten meist nur bei Ziersorten auf. Der Perückenstrauch eignet sich je nach Sorte als Solitär und kann bei guter Nährstoffversorgung und idealem Standort mit der Zeit sehr ausladend werden, während die Wildart kaum über einen halben Meter hoch wird und niederliegend ist.

Verwendung

Aus dem gelben Kernholz des Perückenstrauchs können Färbemittel gewonnen werden, mit denen man früher Seide, Wolle und Leder gelb bis olivschwarz färbte. Daher wird der Perückenstrauch auch Färbersumach genannt. Die gerbstoffhaltigen Blätter wurden getrocknet, gemahlen und zum Gerben von Tierhäuten verwendet.

Perückenstrauch (*Cotinus coggygria*), typische scharlachrote Herbstfärbung

Das sagt unsere Gartenplanerin

Der Perückenstrauch ist einer meiner Lieblingssträucher der Südtiroler Flora und sollte viel öfter gepflanzt werden. Unsere Gärten sind voll von Zierpflanzen aus aller Welt, aber viel zu selten kommen unsere einheimischen Arten zum Einsatz. Mein Favorit punktet nicht nur im Sommer, wenn er seine flauschigen Fruchtstände ausgebildet hat, sondern vor allem im Herbst, wenn seine Blätter in kräftigen Farben leuchten. Es gibt unter den gezüchteten Sorten die klassischen rotlaubigen 'Notcutt's Variety' und 'Royal Purple', aber auch einige interessante neue Sorten. Alle sind definitiv ein Hingucker im Garten!

Gabriele Pircher

Perückenstrauch-Kranz

Mit den Fruchtständen des Perückenstrauchs lässt sich ganz einfach ein schöner Kranz binden. Besonders attraktiv ist er durch sein flauschig-wolkiges Aussehen und die spezielle Farbe, die je nach Reifestadium und Sorte zwischen Grün, Beige-Bräunlich, Altrosa und Purpurrot changiert. Das Besondere am Perückenstrauch-Kranz: Er hält lange und wechselt die Farbe.

Für einen Kranz benötigt man:

- Draht
- Zeitungspapier
- Jute
- Fruchtstände des Perückenstrauchs

So wird's gemacht:

❶ Draht zu einem Kreis formen, die Größe hängt davon ab, wie groß der Kranz am Ende sein soll. ❷ Zeitungspapier um den Draht wickeln, bis der Kranz die gewünschte Dicke hat. ❸ Jute um das Zeitungspapier wickeln, sie dient als Unterlage und zum Kaschieren des Zeitungspapiers. Draht um die Juteschicht wickeln, damit sie hält. ❹ Beim Binden gegen den Uhrzeigersinn arbeiten: Auf der Innenseite des Rings die kürzeren, außen die längeren Zweige anlegen. So die Fruchtstände nach und nach mit Draht am Kranz befestigen, bis keine Jute mehr sichtbar ist.

Herbstliche Schleierwolke
Das Rosa Haargras

Muhlenbergia capillaris

Gräser dürfen in keinem Garten fehlen! Das Rosa Haargras ist mit seiner spektakulären Blütenfarbe ein echtes Highlight. Durch seinen filigranen Wuchs und den rosa Schleier harmoniert es wunderbar mit Stauden.

- sonnig
- gering bis mäßig
- frostresistent bis –20 °C
- 30–70 cm
- IX–X

Dieses Ziergras bringt Farbe in den herbstlichen Garten. Die mehrjährige *Muhlenbergia capillaris* gehört zur Familie der Süßgräser. Die glänzend grünen Blätter werden ca. 30 Zentimeter hoch, mit den Blütenständen etwa 70 Zentimeter. Im September zeigen sich oberhalb der Blätter rosa Wolken aus unzähligen haarfein verzweigten Blütenrispen (lat. *capillus* = Haar, daher der Artname *capillaris*), in einer für ein Gras absolut außergewöhnlichen Farbe. Ein weiterer im deutschen Sprachraum gebräuchlicher Vulgärname spielt auf die Samen des Grases an: Haarfeiner Tropfensame. Der botanische Gattungsname *Muhlenbergia* ehrt den deutsch-amerikanischen Botaniker und Gräserspezialisten G. H. E. Muhlenberg (1753–1815).

Standort

Die meisten der mehr als 150 *Muhlenbergia*-Arten stammen aus trockenen und halbtrockenen Standorten im Süden der USA und in Mexiko und sind daher extrem trockenresistent. Heiße, trockene Standorte, an denen sich manch andere Pflanze schwertun könnte, sind also eine gute Wahl für sie.

Rosa Haargras (*Muhlenbergia capillaris*) im Sinnesgarten

M. capillaris stammt aus der nordöstlichen Karibik und dem Osten Mexikos, ist aber auch im Südosten der USA bis hinauf nach Kansas verbreitet. Das Gras gedeiht dort an unterschiedlichen Standorten und auf verschiedenen Bodentypen, vor allem aber in felsigen, lichten Wäldern und Savannen auf Stein- und Tonböden bis hin zu sandigen Standorten. Es liebt einen luftdurchlässigen, humusreichen und leicht sauren Untergrund. Staunässe ist unbedingt zu vermeiden, Frost verträgt es gut. Die schönen Blütenrispen zeigen sich allerdings nur in milden, geschützten Lagen und werden in voller Sonne am schönsten. Möglich ist auch eine Pflanzung im Kübel für einen besonderen Blickfang auf Balkon oder Terrasse. Das Haargras ist resistent genug, um im Kübel zu überwintern.

Pflege

Das Rosa Haargras ist anspruchslos und braucht außer einer organischen Düngung im Frühjahr kaum weitere Pflege. Die Pflanzen können mit den Jahren zu großen Horsten heranwachsen. Im Frühjahr, bevor das Gras wieder zu sprießen beginnt, werden die Horste geschnitten. Damit sie nicht vergreisen, ist nach einigen Jahren eine Teilung der Pflanze notwendig, dies sollte im zeitigen Frühjahr passieren. Das Haargras kann außer durch Teilung auch mit Samen vermehrt werden.

Noch mehr Gräser

Gräser sind vielseitig einsetzbar, als Hecke oder Solitär, im Staudenbeet oder als Flächendecker. Mal sind sie groß wie das Chinaschilf (*Miscanthus sinensis*), mal klein wie der Blauschwingel (*Festuca glauca*). Mal sind sie weich und fließend wie das Mexikanische Federgras (*Nassella tenuissima*, Syn. *Stipa tenuissima*) und mal stehen sie kerzengerade wie das Reitgras (*Calamagrostis* 'Karl Foerster'). Die einen fühlen sich in der Sonne wohl wie der Blaustrahlhafer (*Helictotrichon sempervirens*), die anderen lieben den Schatten wie das Japangras (*Hakonechloa*).

Japanisches Federborstengras oder Lampenputzergras (*Pennisetum alopecuroides* var. *viridescens* 'Moudry')

↖ Lampenputzergras (*Pennisetum alopecuroides*)

↑ Silber-Chinaschilf (*Miscanthus sinensis* 'Gracillimus')

← Weißrandige Japan-Segge (*Carex morowii* subsp. *foliosissima* 'Ice Dance')

Das sagt unsere Gartenplanerin

Das Haargras treibt relativ spät aus und ist bis zum September ein eher schlichter, grüner Grashorst, der erst durch die Blüte im Herbst so richtig zur Geltung kommt. Daher ist die Kombination mit blühenden Stauden vorteilhaft, um das Beet die gesamte Saison über attraktiv zu halten. Besonders gut lässt sich das Rosa Haargras mit trockenliebenden Stauden kombinieren. In Trauttmansdorff wächst es zusammen mit Schwertlilie (*Iris*), Trichterschwertel (*Dierama*) und Sommeraster (*Aster amellus*). Als Sommerdauerblüher wird im Mai die einjährige Schokoladenblume (*Cosmos atrosanguineus*) dazugepflanzt, die bis in den Herbst hinein blüht und die rosa Blütenrispen des Haargrases begleitet.

Gabriele Pircher

Hängende Pflanzen
Kokedama

Eine Pflanze ohne Topf ins Wohnzimmer hängen? Die japanische Kunst des Kokedama (auf Deutsch „Mooskugel“) sorgt für einen ästhetischen Blickfang und verbindet Natur und Design. Die Pflanze wächst aus einer mit wenigen Handgriffen hergestellten Kugel aus einfachsten Bestandteilen. Das Tolle daran ist, dass die Mooskugel mit fast jeder Pflanze gelingt. Wir haben einen Farn verwendet, aber es eignen sich auch Kakteen oder Kräuter wie Rosmarin oder Basilikum.

Zeitaufwand:
30 Minuten

Schwierigkeitsgrad:
erfordert Geschick

Für ein Kokedama benötigt man:

- eine Topfpflanze (je nach Vorliebe)
- Substrat (je nach Pflanze)
- Moos
- rostfreien Draht
- eine Schere/Zange

So wird's gemacht:

❶ Die Pflanze aus dem Topf nehmen. Die Erde vorsichtig lösen, damit die Wurzeln nicht zu stark beschädigt werden.

❷ Das Substrat gut anfeuchten, damit es haften bleibt. Mit dem Substrat eine Kugel um den Wurzelballen formen.

❸ Die Kugel mit dem Moos bedecken. Das Moos sollte aus möglichst großen Stücken bestehen. Hier ist Geschicklichkeit gefordert.

❹ Die Mooskugel mit einem rostfreien Draht umwickeln und anschließend mit der Schere bzw. Zange abzwicken. Tipp: Lässt man dabei die Kugel auf dem Tisch aufliegen, fällt das Umwickeln leichter.

❺ Mooskugeln können aufgehängt oder einfach auf eine passende Unterlage gestellt werden.

Damit die Pflanze gut gedeiht, muss die Kugel regelmäßig gewässert werden. Dazu überprüft man das Gewicht des Moosballs: Fühlt sich der Ball leicht an, taucht man ihn so lange ins Wasser, bis keine Luftblasen mehr aufsteigen. Dann über dem Wasser austropfen lassen, bis sich keine Tropfen mehr bilden.

Die farbenfrohe Welt des Salbeis

Salbei

Salvia

Jeder kennt ihn, den Salbei. Doch klingt er langweiliger, als er ist, denn die zahlreichen verschiedenen Düfte, Farben und Formen der *Salvia*-Arten kennen viele nicht: ein Erlebnis für Nase und Augen.

- sonnig bis halbschattig
- mäßig
- einige Arten bis −15 °C frostresistent
- 20 cm–2 m
- IV–XI

Die Gattung *Salvia* besticht vor allem durch ihre Mannigfaltigkeit, bei der man aus dem Staunen nicht herauskommt. Doch nicht umsonst stammt der Begriff *Salvia* vom lateinischen Wort *salvus* (gerettet, geheilt), denn Salbei – in Europa der Echte Salbei oder Küchensalbei (*S. officinalis*) – ist eine der ältesten Heilpflanzen überhaupt. Seit Jahrhunderten wird er wegen der medizinischen und kulinarischen Eigenschaften seines duftenden Laubes geschätzt.

Salvia ist die artenreichste Pflanzengattung innerhalb der Familie der Lippenblütler. Weltweit gibt es etwa 900 wild wachsende Arten, die meisten davon in Mexiko sowie Mittel- und Südamerika. In Europa gibt es 36 Arten, 14 davon in Italien. Salbei ist in

↑ Die Salbei-Sammlung von Trauttmansdorff mit über 100 verschiedenen Salbeiarten und -sorten
↙ Ananas-Salbei (*Salvia elegans*, Syn. *Salvia rutilans*)

gemäßigten und subtropischen Regionen vom Meeresniveau bis auf über 3.400 Meter verbreitet. Je nach Art verträgt der Salbei Temperaturen von unter –18 °C, aber auch über 40 °C. Der Küchensalbei ist im östlichen Mittelmeerraum heimisch und wurde wahrscheinlich von den Römern nach Mitteleuropa gebracht.

Stauden und Halbsträucher

Salbei sind ein- oder zweijährige Kräuter, häufiger aber mehrjährige krautige Pflanzen (Stauden) sowie immer- oder sommergrüne Halb- und Kleinsträucher. Die Blätter weisen eine enorme Vielfalt an Formen auf, sind oft mehr oder weniger stark behaart, um sich vor Hitze zu schützen, und natürlich reich an ätherischen Ölen. Als Kontaktdufter müssen die Blätter berührt werden, denn dann erst reißt die äußere Hülle der Ölbehälter und gibt den Duft frei.

Salbeiblüten bieten fast die gesamte Farbpalette von Weiß über Gelb, Lachsfarben, Rosa, Rot und Violett bis zu Blau in allen Schattierungen. Auch zweifarbige Blüten gibt es, wie bei der Sorte 'Hot Lips' (rot/weiß).

Der Guarani-Salbei (*Salvia guaranitica* 'Blue Enigma') blüht den ganzen Sommer bis zum Frost. Die Blätter duften nach Anis.

Die Blütenkrone besitzt immer die für Lippenblütler charakteristischen zwei Lippen. Viele Arten werden gern von Insekten besucht, vor allem Bienen und Schmetterlinge lieben Salbeinektar und -pollen. Die rot blühenden Salbeiarten aus Amerika hingegen, mit ihren langen röhrigen Blüten, werden ausschließlich von Kolibris bestäubt, deren Schnäbel wie geschaffen sind für diese Blüten. Der Blühhöhepunkt reicht in mitteleuropäischen Gärten von August bis in den Spätherbst, weil sich in den Blütenständen immer wieder neue Blüten öffnen.

Standort und Pflege

Viele Salbeiarten sind Halbwüstenpflanzen und mögen daher Sonne bis Halbschatten bei einem mäßigen Wasserbedarf. Es gibt viele Arten und Sorten, die bis –5 °C oder sogar –15 °C winterhart sind, wenn die Bodenverhältnisse passen. Am wichtigsten ist dabei ein gut drainierter Boden. Da die Winterhärte steigt, je steiniger der Boden ist, empfiehlt es sich, mindestens 15 bis 20 Zentimeter hoch Kieselsteine ins Pflanzloch zu geben, damit sich kein Wasser staut. Die üppig blühenden subtropischen Arten sind hingegen in Mitteleuropa nicht winterhart und müssen frostfrei überwintert werden. Im Frühling erhalten alle Arten eine organische Düngung. Mögliche tierische Schädlinge sind Zikaden, Spinnmilben oder Blattläuse, mögliche Pilzkrankheiten sind Echter und Falscher Mehltau, Wurzelfäule, Wurzelbrand und Wurzelbräune.

Verwendung

Unter den vielen Salbeiarten und -sorten gibt es nur wenige essbare, aber sehr viele, die in der Gartengestaltung

Der Hüllblatt-Salbei (*Salvia involucrata* 'Bethellii') begeistert mit seinen pinkfarbenen Hüllblättern und den behaarten Lippenblüten.

verwendet werden können. Besonders von *S. microphylla* und *S. greggii* gibt es zahlreiche schöne Sorten in den verschiedensten Farben. Diese *Salvia*-Arten sind zwar etwas frostempfindlich, können aber durchaus auch an einem geschützten Standort angepflanzt werden, sofern die Temperaturen nicht unter –8 °C sinken. Das lohnt sich auch des Duftes wegen: Einige Salbeiarten haben intensiv herbe Duftnoten, andere einen ausgesprochen fruchtigen Duft: *S. microphylla* duftet nach Schwarzen Johannisbeeren, *S. greggii* nach Pfirsich und *S. elegans* nach Ananas und Honigmelonen.

Ein Klassiker im Staudenbeet ist der winterharte Steppensalbei (*S. nemorosa*). Je nach Sorte blüht er violett bis tiefblau. Er ist ein beliebter Rosenbegleiter und eignet sich außerdem gut als Füllstaude im Beet. Schneidet man den Steppensalbei nach der Blüte zurück, wird man mit einer zweiten Blüte im Herbst belohnt.

Das sagt unsere Kuratorin

Salbei ist ein Universum für sich. Nicht nur die Blütenschönheiten mit ihren ausdrucksstarken Farben finde ich bezaubernd, sondern auch die vielen Blattformen mit unterschiedlichsten Texturen – und dann erst die Blattdüfte! Mein absoluter Duft-Liebling ist *Salvia dorisiana* aus Honduras, auch Zimmerlinden-Salbei genannt. Einmal über die großen haarig-klebrigen Blätter streichen und man ist umhüllt vom fruchtigen Gummibärenaroma, von dem ich nicht genug bekommen kann. Optisch gefallen mir besonders die pinkfarbene *S. involucrata* 'Bethellii' und die *S. leucantha* mit den fantastischen samtig-violetten Blüten.

Karin Kompatscher

Der Samt-Salbei (*Salvia leucantha* 'Midnight') stammt aus Mexiko.

Salbei-Schubkarren

Kräuter sind nicht nur schmackhaft, sondern auch dekorativ. Hier wächst der Küchensalbei (*Salvia officinalis*) im Schubkarren, kombiniert mit anderen Kräutern.

Liebesperlen als Winterschmuck
Die Schönfrucht

Callicarpa

Zu schön, um wahr zu sein: Die Früchte der *Callicarpa*-Arten sehen fast unecht aus – dabei sind ihre Blüten unscheinbar. Sie entfalten ihren Zauber im Winter, wenn das Laub bereits gefallen ist.

halbschattig bis sonnig
mäßig
frostresistent bis –15 °C
bis 2 m
VI–VII IX–II

Die meisten Pflanzen in unseren Gärten zeigen ihre ganze Pracht aus Blättern und Blüten bereits im Frühling oder Sommer. Anders die Schönfrucht- bzw. Liebesperlensträucher – ihre etagenförmig am Zweig angeordneten Früchte kommen im Winter am besten zur Geltung. Ihre ungewöhnliche violette Farbe ist einzigartig bei Früchten von Sträuchern, die in der gemäßigten Klimazone wachsen, und man bekommt fast Lust, hineinzubeißen in diese „Liebesperlen". Aber Vorsicht: Die Früchte sehen zwar aus wie Zuckerdragees, sind aber giftig und verursachen Magenbeschwerden und Erbrechen. Zum Glück schmecken sie bitter und würden beim versehentlichen „Genuss" sofort ausgespuckt. Für Vögel sind sie dagegen ein willkommenes Winterfutter.

Von den etwa 140 *Callicarpa*-Arten, die vorwiegend aus subtropischen, tropischen und gemäßigten Gebieten Ostasiens stammen, sind etwa sechs sommergrüne Arten und einige Sorten davon seit 1845 in europäischen Gärten in Kultur. Im Juni und Juli zeigen sich recht unauffällige, weißliche bis hellrosa Blüten, die gerne von Bienen, Hummeln und Schwebfliegen besucht werden. Ab August bis weit in den Winter hinein zeigen sich dann die beerenartigen, glänzend violetten Steinfrüchte. Nicht viel größer als ein Pfefferkorn bilden jeweils bis zu 40 von ihnen einen Fruchtstand. Sie sind etagenförmig den Zweigen entlang angeordnet, was die Farbe noch auffälliger wirken lässt. Die Früchte bleiben bis lange nach dem Blattfall haften und sind ein toller Herbst- und Winterschmuck in Kränzen und in der Vase.

Standort

Etwas Platz – gerne zwei bis drei Quadratmeter – muss man der Schönfrucht schon gönnen, damit sich der Strauch gut entfalten und die violette Pracht auf vielen Zweigen zur Geltung kommen kann. Der sommergrüne Strauch mit leicht überhängenden Zweigen wird bis zwei Meter hoch. Am Naturstandort in Ostasien wachsen die verschiedenen *Callicarpa*-Arten in Mischwäldern in Tälern oder an Berghängen je nach Art auf bis zu 2.000 Meter Meereshöhe. In Mitteleuropa vertragen Liebesperlen-

In Trauttmansdorff können Besucherinnen und Besucher die Schönfrucht in den Waldgärten bewundern.

sträucher Frost bis etwa –15 °C und können damit auch in vielen Gegenden nördlich der Alpen problemlos im Garten überwintern. Der Standort sollte geschützt und warm sowie sonnig bis lichtschattig sein und außerdem einen durchlässigen, sandig-humosen und leicht sauren Boden haben. In klimatisch raueren Gegenden oder bei wenig Platz kann man die violetten Raritäten bei ausreichender Düngung auch im Kübel bestaunen, allerdings muss das Winterquartier kühl sein.

Pflege

In starken Wintern friert die Pflanze gelegentlich zurück, treibt jedoch nach einem Rückschnitt im Frühjahr wieder aus. Ansonsten brauchen Schönfruchtsträucher nicht geschnitten zu werden. Junge Pflanzen sind dankbar für einen Winterschutz aus Laub, lockerem Kompost oder Tannenzweigen. Eine organische Düngung im Frühling fördert das Wachstum der Pflanze, der Wasserbedarf ist mäßig.

Übrigens: Der Fruchtansatz verbessert sich, wenn durch mehrere Sträucher Fremdbestäubung ermöglicht wird. Die Vermehrung durch Stecklinge ist recht einfach. Hierfür werden lange, kräftige Triebe ohne Fruchtbehang im Herbst abgeschnitten und in die Erde gesteckt.

Liebesperlenstrauch oder Schönfrucht (*Callicarpa giraldii*) im September

Im Winter kommen die Früchte am Liebesperlenstrauch (*Callicarpa giraldii*) am besten zur Geltung.

Zierlich-wilde Frühjahrsblüher
Tulpen

Tulipa

Tulpen finden sich fast in jedem Garten, doch meist nur gezüchtete Sorten. Etwas Besonderes sind Wildtulpen. Wie auch andere Zwiebelpflanzen, die im Frühjahr blühen, kann man sie verwildern lassen: Ohne Aufwand führen sie ihr Eigenleben und erblühen verlässlich jedes Jahr wieder.

sonnig oder halbschattig
mäßig
winterhart, da sie als Zwiebel überwintern
15–70 cm
III–V

Die meisten kennen Tulpen nur als gezüchtete Zwiebelpflanzen mit ihren auffallenden und großen Blüten in allen Farbvariationen, oft mit gekräuseltem Rand oder geflammten Blütenblättern. Weniger bekannt sind die wilden Tulpenarten, die meist kleiner und zierlicher sind. Sie eignen sich sehr gut zum Verwildern: Bei idealem Standort bleiben sie über Jahre im Beet und blühen trotzdem zuverlässig jedes Jahr. Die Zwiebeln gezüchteter Tulpen hingegen sollten nach der Blüte und dem Abwelken der Blätter aus der Erde genommen und im Herbst wieder gepflanzt werden, da sie sonst irgendwann nicht mehr blühen. Wildtulpen können optimal in Staudenbeete eingebaut werden, ohne die heranwachsenden Stauden zu behindern. Auch in Wiesen und unter größeren Sträuchern können sie ein zusätzlicher Blickfang im Frühjahr sein.

Standort und Pflege

Alle Tulpen sind relativ anspruchslos. Wie viele andere Zwiebelpflanzen brauchen sie jedoch etwas Kälte im Winter, um im Frühjahr eine Blüte zu entwickeln. Am wohlsten fühlen sie sich an einem sonnigen Standort mit wasser-

↑ Horn-Tulpe (*Tulipa acuminata*) mit schmalen, gedrehten Blütenblättern
↘ Felsen- oder Kreta-Tulpe (*Tulipa saxatilis* 'Lilac Wonder')

durchlässigem, lockerem Boden. Probleme mit Schädlingen oder Krankheiten zeigen sich bei Tulpen selten, allerdings sollte beim Kauf darauf geachtet werden, dass die Zwiebeln gesund sind und keine Schäden aufweisen. Ein größeres Problem sind Nagetiere wie Mäuse, denn sie verzehren gerne Blumenzwiebeln aller Art.

Direkt nach der Blüte sollten Tulpen organisch gedüngt werden. Bei Zuchtsorten kann der Stempel abgezwickt werden, damit die Pflanze nicht ihre Kraft mit der Samen- und Fruchtbildung vergeudet. Die Blätter lässt man hingegen stehen, bis sie welk sind, denn dann hat die Tulpe die ganze Energie, die sie mithilfe der Sonne gebildet hat, in die Zwiebel zurückgezogen, um sie für das nächste Frühjahr zu speichern.

Damentulpen (*Tulipa clusiana* var. *chrysantha* 'Tubergen's Gem') und Engelstränen-Narzissen (*Narcissus* 'Hawera')

Tipp: Lass deine Zwiebelpflanzen verwildern

Nicht nur Wildtulpen, sondern auch andere frühjahrsblühende Zwiebelpflanzen wie Krokusse, Schneeglöckchen, Traubenhyazinthen, Blausterne, Milchsterne, Schachbrettlilien oder Narzissen eignen sich zum Verwildern. Sie kommen Jahr für Jahr wieder, werden mit der Zeit sogar mehr und bilden einen größeren Bestand. Hier sind reine botanische Arten gegenüber gezüchteten Sorten im klaren Vorteil. Gezüchtete Narzissen und Tulpen sind meist nicht so langlebig, da das Züchtungsziel nicht die Langlebigkeit ist, sondern die auffallende Blüte. Wildtulpen sind eine tolle Ergänzung zu den hochgezüchteten Sorten und fügen sich besonders gut in einen Naturgarten ein.

Das sagt unsere Gartenplanerin

In den Gärten von Schloss Trauttmansdorff verwende ich gerne Wildtulpen wie z. B. *Tulipa acuminata, T. sylvestris, T. batalinii* oder *T. clusiana*. Besonders schöne Blüheffekte ergeben sich, wenn man Wildtulpen mit frühjahrsblühenden Stauden wie der Elfenblume (*Epimedium*) oder der Schaumblüte (*Tiarella cordifolia*) kombiniert.

Gabriele Pircher

Tischdeko aus Birkenholz

Hol dir den Frühling auf den Tisch! Aus Birkenholz und Reagenzgläsern entsteht eine Blumenvase der etwas anderen Art, die trübe Wintertage garantiert in die Ferne rücken lässt.

Für die Tischdeko benötigt man:

- Astloch- oder Forstnerbohrer
- ein Stück Birkenholz
- Reagenzgläser
- Tulpen und andere Frühjahrsblüher

So wird's gemacht:

Mit einem Astloch- bzw. Forstnerbohrer Löcher in ein Stück Birkenholz bohren. Reagenzgläser passender Größe in die Löcher stecken und nach Belieben dekorieren. Wir haben Tulpen verwendet, es eignen sich aber auch andere Frühjahrsblüher.

Die Trikolore am Baum
Der Westliche Erdbeerbaum

Arbutus unedo

Der Westliche Erdbeerbaum zeigt im Herbst Flagge: Das immergrüne Laub kontrastiert mit den zarten weißlichen Blüten und den attraktiven roten Früchten. Die Früchte sind essbar und lassen sich zu Likör und Marmelade verarbeiten.

sonnig

gering bis mäßig

nur bedingt winterhart bis etwa −12 °C, nördlich der Alpen besser als Kübelpflanze

bis 10 m

X–XII/I X–XII

„Erdbeeren“, die auf Bäumen wachsen? Das gibt es nicht nur in Italien. Der Westliche Erdbeerbaum ist im Mittelmeerraum beheimatet und sollte in keinem mediterran anmutenden Garten fehlen. Die Pflanze wird in Italien *corbezzolo* genannt, aber auch *pianta* bzw. *arbusto tricolore* und ist eine Symbolpflanze Italiens. Im Herbst, wenn die reifen roten Früchte an den Bäumen hängen, öffnen sich nämlich auch die cremeweißen Blütenglöckchen – zusammen mit dem immergrünen Laub entsteht die Farbkombination Grün-Weiß-Rot.

Arbutus unedo gehört zur Familie der Heidekrautgewächse. Er hat satt dunkelgrüne, ledrige Blätter von bis zu zehn Zentimetern Länge mit gesägtem Blattrand. Die kugeligen Früchte haben einen Durchmesser von bis zu drei Zentimetern und wechseln im Laufe der Reife ihre Farbe von Grün über leuchtend Gelb bis Scharlachrot. Dafür benötigen sie fast ein Jahr bis zur nächsten Blüte im Herbst. Dann zeigen sich gleichzeitig die reizenden Blütenglöckchen, die eine gute Bienenweide sind und einen leckeren Erdbeerbaumhonig (*Miele di corbezzolo*) ergeben.

Standort und Pflege

Der Westliche Erdbeerbaum wächst in der Natur bis zu zehn Meter hoch und erreicht im Garten eine Höhe von drei bis viereinhalb Metern. Im Handel ist er meist als Strauch erhältlich, wird aber auch als Hochstamm angeboten. Im Garten wird er vor allem als Zierpflanze verwendet und passt gut mit anderen Mittelmeergewächsen zusammen. Er braucht ein sehr sonniges Plätzchen, um Blüten und Früchte auszubilden. In Mitteleuropa ist er nur an klimatisch begünstigten Standorten ausreichend frosthart und gehört ansonsten in der kalten Jahreszeit als Kübelpflanze in den Wintergarten.

Der Wasserbedarf ist mittel bis gering, wobei zu beachten ist, dass immergrüne Pflanzen auch im Winter gegossen werden müssen. Der Erdbeerbaum mag einen humusreichen, lockeren und luftdurchlässigen Boden und eine organische Düngung im Frühling. Wie viele Heidekrautgewächse bevorzugt er einen sauren Boden, also mit niedrigem pH-Wert. Mögliche Schädlinge sind Blattläuse und unter den Pilzkrankheiten kommt die Blattfleckenkrankheit infrage.

Westlicher Erdbeerbaum (*Arbutus unedo*) in der mediterranen Macchia in Trauttmansdorff

Verwendung

Der Erdbeerbaum wird im südlichen Europa seit alters als Kulturpflanze genutzt. Die essbaren Früchte haben eine raue, körnige oder höckerige Oberfläche, die an Litschi erinnert. Im Innern sind sie trockenfleischig-mehlig, schmecken leicht süßlich und entfernt nach Aprikose und Melone. Manche beschreiben den Geschmack sogar als fad, daher auch der Artname *unedo* von *unum tantum edo* (lat. = ich esse nur einmal) – wohl nicht nur wegen des Geschmacks, sondern auch wegen der warzigen Oberfläche und kernigen Konsistenz. Trotzdem werden die reifen Früchte auch heute noch gerne frisch genascht und auf Märkten im Mittelmeerraum angeboten. Sehr gut eignen sie sich zur Herstellung von Marmelade (siehe Anwendungstipp), Obstwein und Likör – berühmt und äußerst delikat ist der *Liquore di corbezzolo* aus Sardinien.

Der Erdbeerbaum (*Arbutus unedo*) trägt Blüten und Früchte gleichzeitig.

Das sagt unsere Kuratorin

Erdbeerbäume zählten zu den ersten Pflanzen, die ich 1997 in Trauttmansdorff gemeinsam mit den Gärtnern positionierte: in der mediterranen Macchia zusammen mit Immergrünem Schneeball (*Viburnum tinus*), Steinlinde (*Phillyrea*), Myrtensträuchern (*Myrtus communis*) und Immergrünen Pistazien (Mastixsträuchern, *Pistacia lentiscus*). Der Erdbeerbaum ist ein Herbst-Highlight und dort, wo ihm das Klima ein Überwintern ermöglicht, ein empfehlenswerter Strauch – attraktiv und nützlich zugleich: Immergrün trägt er die zierlichen weißen Blüten und die schönen, essbaren Früchte gleichzeitig am Baum, wie wir es sonst vor allem von tropischen Pflanzen kennen.

Karin Kompatscher

Erdbeerbaummarmelade

Aus den Früchten des Erdbeerbaumes lässt sich eine leckere Marmelade mit einzigartigem Geschmack kochen.

Für ca. 1,4 kg Marmelade benötigt man:

- 1 kg Erdbeerbaumfrüchte
- 1 Zitrone (Saft)
- 400 g Zucker

So wird's gemacht:

❶ Erdbeerbaumfrüchte sind sehr weich und können einfach durch ein Sieb gedrückt oder püriert werden. Die Früchte nach und nach ins Sieb geben, pressen und das Fruchtpüree auffangen. ❷ Den Zitronensaft zum Fruchtfleisch geben und den Zucker hinzufügen. Die Mischung aufkochen und dabei häufig umrühren. ❸ Die Marmelade ist fertig, sobald sie zu kochen beginnt. In gut sterilisierte Gläser mit hermetischem Verschluss abfüllen.

Killerpflanzen
Winterharte Karnivoren

Glitzernde Blätter, leuchtende Farben und verlockender Nektar: Die listigen Karnivoren sind die Jäger des Pflanzenreiches und in ihrer tödlichen Schönheit besonders beeindruckend.

- sonnig
- hoch
- winterhart
- bis 120 cm
- V–X attraktiv

Karnivoren zählen zu den faszinierendsten Pflanzen, die es gibt. Sie sind wunderschön, aber auch gefährlich. Halb Pflanze, halb Tier, könnte man meinen – sie sind Jäger und bleiben doch das ganze Leben an einem Platz. Lange galten sie als grausam und wurden nicht selten als „Blumen des Bösen" verurteilt. Aus purer Boshaftigkeit haben fleischfressende Pflanzen ihre Fallen aber nicht entwickelt, sie sind eine ausgeklügelte Überlebensstrategie für nährstoffarme Standorte.

Die Artenvielfalt dieser bizarren Überlebenskünstler ist riesig, ihr Lebensraum findet sich rund um den Globus – vom tropischen Regenwald bis zu Sümpfen und Mooren, vom Tal bis ins Hochgebirge. Viele Karnivoren lassen sich auch im Garten kultivieren. Dafür eignen sich vor allem winterharte Arten aus Europa und Nordamerika: Sonnentau, Fettkraut, Wasserschlauch, Venusfliegenfalle und Schlauchpflanzen.

„Fleischfressend" zu sein ist sehr aufwendig, denn die Pflanzen müssen sich für ihre Opfer attraktiv machen. Mit erstaunlichen Tricks gaukeln sie ihnen beispielsweise eine blühende Blumenwiese vor und locken sie in ihre Fallen –

Gelbe Schlauchpflanze (*Sarracenia flava*) mit attraktiven Gleitfallen und Blüten

still und unbeweglich oder blitzschnell wie die Venusfliegenfalle und der Wasserschlauch.

Blüten

Alle fleischfressenden Pflanzen sind Blütenpflanzen und werden von Insekten bestäubt. Damit die Karnivoren nicht ihre Bestäuber fressen, haben sie zwei verschiedene Techniken entwickelt: Die einen heben ihre Blüten auf langen Stielen hoch über die Fallen, die anderen blühen, bevor sich die Fallen bilden. Schlauchpflanzen haben besonders dekorative gelbe bis weinrote Blüten an nickenden Blütenstängeln, die sie meist vor den Schläuchen bilden. Die Venusfliegenfalle hebt ihre weißen

Rundblättriger Sonnentau (*Drosera rotundifolia*) mit Klebefallen

Blüten auf bis zu 30 Zentimeter langen Stängeln, ebenso der Rundblättrige Sonnentau. Die heimischen Fettkräuter blühen weiß oder blauviolett.

Standort und Pflege

Viele fleischfressende Pflanzen lieben die Sonne – je mehr, desto besser! Um schöne Pflanzen zu erhalten, sollten es mindestens vier bis sechs Stunden täglich sein. Einige *Sarracenia*-Arten benötigen dazu noch möglichst hohe Temperaturen, um sich charakteristisch auszufärben. Hat man einen eher halbschattigen und zugigen Platz, bieten sich die zahlreichen Formen von *S. purpurea* und Hybriden an. Fleischfressende Pflanzen leben auf extrem nährstoffarmen Böden in Sumpfgebieten und Mooren. Die Düngung erfolgt daher im Freiland nur über die dort reichlich vorhandenen Insekten. Beim Gießen lautet die Devise: selten, aber richtig! Das Gießen erfolgt mit absolut kalkfreiem Wasser, am besten eignet sich dafür Regenwasser. Ein hoher Wasserstand schützt in schneearmen Wintern vor Austrocknung der Überwinterungsorgane von *Drosera* und *Pinguicula*. Beginnt der Wasserstand zu sinken, muss er

Dunkelgelber Wasserschlauch (*Utricularia stygia*): eine bedrohte Pflanze Südtirols

erhöht werden. Denn Trockenheit ist in dieser Jahreszeit die größte Gefahr für Karnivoren. Bei Gefäßpflanzungen ist deshalb ein absolut wasserdichtes Gefäß wichtig.

Eine Auswahl winterharter Karnivoren:

Sonnentau – *Drosera*

Die Sonnentau-Arten bilden die zweitgrößte Gattung fleischfressender Pflanzen. In Europa heimisch und damit in unseren Breiten winterhart sind allerdings nur drei Arten. Ihr Name bezieht sich auf die schimmernden Schleimtropfen auf den Blättern. Sie locken ihre Opfer mit meist auffällig roten Tentakeln an, die einen klebrigen Schleim absondern, mit dem sie ihre Beute fangen. Sobald sich ein Insekt verfängt, umfassen es die Tentakel innerhalb kurzer Zeit. Manchmal rollen sich sogar die Blätter um die Beute. Die Opfer ersticken in den großen Schleimtropfen und werden verdaut.

Winterhart sind z. B.: *D. rotundifolia, D. intermedia, D. anglica, D.* x *obovata, D.* x *beleziana, D. filiformis* ssp. *filiformis, D. filiformis* 'California Sunset'.

Fettkräuter – *Pinguicula*

Ihr Name leitet sich von *pinguis* (lat. = fett, dick) ab und bezieht sich auf die dickfleischigen, fettglänzenden Blätter. Diese bilden Blattrosetten und besitzen Drüsen, die einen klebrigen Fangschleim ausscheiden, dem die Tiere zum Opfer fallen. Die Blätter bewegen sich so langsam, dass dies lange Zeit unbemerkt blieb. Erst Charles Darwin wies in seinen Experimenten die Fangbewegung nach. Die 21 europäischen Arten sind in Berggebieten auf feuchten bis sehr nassen Böden und, im Gegensatz zu den meisten anderen Karnivoren, auf neutralem bis alkalischem Untergrund verbreitet.

Winterhart sind z. B.: *P. vulgaris, P. grandiflora, P. macroceras.*

Wasserschläuche – *Utricularia*

Wasserschläuche tragen winzige Fangblasen. Früher glaubte man, sie dienten nur als luftgefüllte Auftriebskörper. Charles Darwin aber bewies, dass sie damit Tiere fangen und verdauen. Ihre raffinierten Saugfallen sind die schnellsten aller fleischfressenden Pflanzen – der Fangvorgang ist mit bloßem Auge aber nicht erkennbar. Die Pflanzen erzeugen einen Unterdruck in der Blase, indem sie Wasser nach außen pumpen. Berühren Wasserflöhe oder andere winzige Opfer die Fühlborsten, werden sie blitzschnell eingesaugt und anschließend verdaut.

Winterhart sind z. B.: alle europäischen aquatischen Arten sowie *U. cornuta, U. dichotoma, U. novae-zelandiae.* Sie benötigen eine kleine Wasserfläche als Refugium.

Venusfliegenfalle – *Dionaea muscipula*

Die Venusfliegenfalle, die bekannteste fleischfressende Pflanze, stammt aus dem Osten der USA, wo sie zwischen Sumpfkiefern und Gräsern auf feuchtem Boden wächst. Der Gattungsname *Dionaea* ist eine erotische Anspielung auf die Klappblätter: Dione war die Mutter der Aphrodite. Der Artname *muscipula* bedeutet Mäusefalle. Ihre beiden Blatthälften tragen je drei Fühlborsten. Berührt die Beute eine oder mehrere der Fühlborsten mindestens zweimal innerhalb von 20 Sekunden, schließt sich die Falle innerhalb eines Sekundenbruchteils. Eine Fliege wird in fünf bis 35 Tagen verdaut, danach öffnet sich die Falle langsam wieder. Mit einer Falle kann *Dionaea* maximal dreimal Beute machen, bevor sie abstirbt. In der Zwischenzeit hat die Venusfliegenfalle aber neue Fangblätter gebildet.

Schlauchpflanzen – *Sarracenia*

Ebenfalls aus dem Osten Nordamerikas stammen die Schlauchpflanzen, wo sie Sümpfe, feuchte Sandböden, Kiefernwälder und helle, sonnige Standorte besiedeln. Die bunten, attraktiven Gleitfallen werden bis zu 120 Zentimeter hoch, gaukeln den Opfern Blüten vor und

Blühende Venusfliegenfallen (*Dionaea muscipula*)

Schlauchpflanzen im Moorbeet: *Sarracenia* 'Juthatip Soper' (vorne), *Sarracenia flava* (hinten links), *Sarracenia* 'Tygo' (hinten rechts)

locken sie mit süßem Nektar an. Ein bisschen Nektar dürfen die Insekten schlürfen, doch ein Schritt zu weit und sie gleiten an den rutschigen Wänden hinab. Die Härchen zeigen nach unten, die Insekten können sich nicht festhalten, eine Flucht ist unmöglich. Die haubenförmigen Deckel oberhalb der Öffnung verhindern, dass sich zu viel Regenwasser in den Fallen sammelt, was die Verdauung behindern würde. Winterhart sind z. B.: *S. purpurea*, aber auch *S. flava*, *S. oreophila* und *S. rubra*, ebenso alle Hybriden dieser Arten.

Karnivoren-Minimoor

Zeitaufwand:
2–3 Stunden

Schwierigkeitsgrad:
mittel

Für ein Moorbeet benötigt man:

- eine Zinkwanne oder ein anderes größeres Gefäß
- Styroporplatten (1–2 cm dick)
- ein Teppichmesser
- doppelseitiges Teppichklebeband
- Teichfolie (ca. 0,5 mm dick)
- Plastiktöpfe
- jungen (hellen) Torf
- ein Plastikrohr (4 cm Durchmesser)
- winterharte Karnivoren (*Sarracenia, Drosera, Dionaea*)

Karnivoren sind besondere Pflanzen, da holen selbst wir uns gerne Rat von ausgesprochenen Experten wie etwa Thomas Carow (www.falle.de), der das größte Karnivoren-Sortiment Europas mit vielen Raritäten anbietet. Von ihm stammen auch die Ideen, wie man sich sein eigenes Karnivoren-Minimoor schaffen kann. Wer glücklicher Besitzer eines Teiches ist, kann natürlich im Randbereich eine Sumpfzone mit den fleischfressenden Pflanzen anlegen. Eine gute Alternative ist ein Moorbeet in einem Gefäß, etwa einer Wanne, an einem sonnigen, geschützten Platz im Garten, auf der Terrasse oder dem Balkon.

So wird's gemacht:

❶ Zunächst wird das Gefäß mit einem mechanischen Puffer aus Styroporplatten ausgestattet. Der Puffer soll im Winter den Eisdruck aufnehmen, sonst könnte dieser das Gefäß zerstören. Die Platten mit dem Teppichmesser passend zuschneiden und mit doppelseitigem

Teppichklebeband fixieren. Die Styropor-Auskleidung sollte einige Zentimeter unterhalb des oberen Gefäßrandes enden, damit sie später nicht sichtbar ist.

❷ Das Gefäß anschließend komplett mit der Teichfolie auskleiden. Die Teichfolie großzügig zuschneiden. Vor der Verarbeitung an einem warmen Ort lagern, damit sie geschmeidig wird und sich besser anbringen lässt.

❸ Danach umgedrehte Plastiktöpfe ins Gefäß stellen. Sie dienen als Wasserspeicher und ersparen später häufiges Gießen. Das Plastikrohr senkrecht ins Gefäß stellen, es dient später der Wasserstandskontrolle. Es sollte 1–2 cm über die Torfschicht hinausragen.

❹ Jetzt den leicht angefeuchteten Torf einfüllen. Eine Torfhöhe von etwa 10 cm ist ausreichend – werden keine Sarracenien gepflanzt, reicht auch eine dünnere Substratschicht.

❺ Den Torf mit den Händen fest andrücken, ansonsten sackt er später von selbst nach und lässt einen unschönen Gefäßrand sichtbar werden.

❻ Nun die Pflanzen einsetzen und das Moorbeet je nach Geschmack mit Moos oder Naturmaterialien dekorieren.

❼ Zuletzt die Folie über dem Gefäßrand abschneiden und nach innen einstülpen. Zum Schluss gut angießen: Das Wasser muss immer bis zum Rand des Gefäßes stehen.

Klein, aber fein
Zieräpfel

Malus

Zieräpfel machen ihrem Namen alle Ehre: Mit ihrer reichen Blütenpracht im Frühjahr und den attraktiven Früchten vom Herbst bis in den Winter sind sie wahrlich eine Zierde.

sonnig bis halbschattig
mäßig
frostresistent bis –20 °C
3–6 m
IV–V   IX–I

Zieräpfel machen fast das ganze Jahr über farbenfroh auf sich aufmerksam. Zunächst im Frühjahr mit ihren schönen Apfelblüten, die je nach Sorte weiß, rosa oder sogar dunkelrot gefärbt sind. Und noch einmal im Herbst, wenn sie voll beladen sind mit ihren kugeligen, meist nur kirschgroßen Früchten, die oft bis in den Winter hinein haften bleiben. Die kleinen Apfelfrüchte sind also selbst dann noch dekorativ, wenn der Baum bereits sein Laub abgeworfen hat. Damit sind Zieräpfel eine lohnende Alternative zu den häufig anzutreffenden Zierkirschen.

Die meisten *Malus*-Arten, die als Zieräpfel verwendet werden, stammen aus Ostasien und werden dort seit Jahrhunderten kultiviert. In China haben sie auch eine symbolische Bedeutung: Die Blüte ist Sinnbild des Frühlings, die Frucht symbolisiert Frieden. Seit der Mitte des 19. Jahrhunderts wurden durch Züchtung Hunderte von Hybriden und Sorten dieser Ziergehölze hervorgebracht. Die Vielzahl an Sorten spiegelt sich nicht nur in verschiedenen Blütenfarben und Früchten, sondern auch in der Blattfarbe und der Herbstfärbung wider. Einige Sorten

Zierapfel (*Malus* 'Evereste'). In Trauttmansdorff wachsen verschiedene Zieräpfel im Englischen Garten und am Hang nördlich des Einganges zum Besucherzentrum der Gärten.

bestechen ganzjährig mit roten Blättern, einige mit schönem Herbstlaub. Die Herbstfärbung von 'Red Splendor' etwa ist rötlich bis purpurfarben, der Siebolds Apfel (*Malus sieboldii*) dagegen besticht mit seiner rotgelben Laubfärbung im Herbst.

Standort und Pflege

Zieräpfel sind unkompliziert und kommen auch mit tiefen Temperaturen im Winter zurecht. Man sollte jedoch darauf achten, Sorten mit einer guten Toleranz gegen Mehltau und Schorf zu wählen. Vorteilhaft ist ein sonniger und geschützter Standort, der nicht zu trocken sein sollte. Der Boden sollte durchlässig und eher sandig als lehmig sein. Um eine schöne Krone zu erzielen, ist je nach Sorte in jungen Jahren ein Aufbauschnitt erforderlich, später sollte nur noch vorsichtig ausgelichtet werden. Im Frühjahr erfolgt eine organische Düngung.

Zieräpfel haben einen unterschiedlichen Habitus, vom Strauch bis zum Kleinbaum. Für kleinere Gärten bieten sich vor allem hänge- oder säulenförmige Sorten an, breit ausladende Sorten benötigen hingegen ausreichend Platz, da

Blüten des Zierapfels *Malus* 'Evereste' im Frühjahr

sich die Krone im Alter zunehmend ausweitet. Die lichtdurchlässige Krone ermöglicht eine üppige Unterbepflanzung mit Stauden oder Zwergsträuchern.

Verwendung

Die Früchte sind meist kugelig und gelb, rotbackig oder einfarbig rot, zwischen einem halben und zehn Zentimetern groß und essbar. Frisch vom Baum schmecken sie wegen des hohen Gehalts an Fruchtsäure herb-sauer. Sie lassen sich jedoch zu Gelee oder Marmelade verarbeiten und eignen sich hervorragend als Adventskranz- und Christbaumschmuck oder für eine Herbstgirlande. Und nicht zuletzt bieten sie Vögeln und Insekten sowie kleinen Säugetieren reichlich Nahrung.

Siebolds Apfel (*Malus sieboldii*): zierliche Früchte mit dünnen roten Stielen

Malus 'Red Sentinel'. Die Zieräpfel haften bis Februar am Baum.

Wo die Zitronen blühn …
Zitruspflanzen

Citrus

Zitrusgewächse stehen für Sommer, Sonne und mediterranes Lebensgefühl. Sie bringen Dolce Vita in den Garten oder auf die Terrasse. Die meisten Zitruspflanzen müssen allerdings drinnen überwintern.

sonnig
mäßig
nicht winterhart, Überwinterung bei 6 °C
1–3 m
Hauptblüte III–IV XI–IV

Zitrone, Orange, Bergamotte, Mandarine, Kumquat – mit ihren immergrünen Blättern, ihren herrlich frisch duftenden Blüten und ihren vielfältigen Früchten erobern Zitrusgewächse die Herzen von Pflanzenfreunden im Sturm. Im Kübel gepflanzt versprühen sie im Sommer mediterranes Flair auf der Terrasse. Auch wenn sich ihre Blüten ähneln, die Früchte sind in Aussehen und Duft sehr verschieden. So duftet die Bergamotte eher herb, die Orange süß. Die Früchte der Kumquat sind klein, länglich und orange, jene der Zitronatzitrone groß, gelb und runzelig.

In China wurden Zitrusfrüchte schon vor über 4.000 Jahren angebaut, im Mittelmeerraum sind sie seit der Antike bekannt und in die Orangerien nördlich der Alpen (Versailles, Sanssouci) hielten

↑ Riesen-Zitronatzitrone (*Citrus medica* 'Maxima') in der Trauttmansdorffer Limonaia
↙ Zitronenblüte (*Citrus* x *limon*)

sie im 17. Jahrhundert Einzug. Zitruspflanzen blühen das ganze Jahr über, am intensivsten jedoch im Frühjahr. Hauptblütezeit ist von März bis April, während dieser Zeit locken die weißen, außen oft rosa-lila überlaufenen Blüten Insekten zum Büffet. Gleichzeitig schmücken aber auch die Früchte die Pflanzen.

Standort

Zitrusgewächse stammen aus dem subtropischen und tropischen Südostasien, wo es ganzjährig sonnig und warm ist. Sie brauchen humusreiche Böden und vertragen größtenteils keinen Frost – in Mittel- und Nordeuropa müssen sie also an einem hellen, frostfreien, kühlen und trockenen Ort überwintern, am besten bei etwa 6 °C.

Daneben gibt es aber auch winterharte Zitrusgewächse wie die Dreiblättrige Orange (*Poncirus trifoliata*). Sie ist laubabwerfend, stark bedornt und frostresistent bis –23 °C. Wintertauglich ist auch die Ichang-Zitrone (*Citrus ichangensis*), die in China bis auf eine Höhe von 2.400 Metern wächst und die frosthärteste immergrüne Zitrusart ist. Beide belohnen mit sauer-bitteren

Früchten, die im Winter mit ihrer leuchtend gelben und orangen Farbe eine besondere Atmosphäre in den Garten bringen.

Pflege

Zitruspflanzen lieben die Sonne und brauchen im Sommer viel Wasser und Nährstoffe, um ihre schönen Früchte auszubilden. In dieser Zeit sollte daher auch monatlich mit organischem Dünger gedüngt werden. Jedes zweite Jahr sollte zudem im Frühling ein Rückschnitt erfolgen, bei dem etwa ein Fünftel der Pflanze eingekürzt und ausgelichtet wird. Gegen Läuse helfen Spritzungen mit ätherischen Ölen (Agrumen, Lavendel) oder Schmierseife sowie die Gabe von bestimmten Blattdüngern mit Zink. Bei Mangelerscheinungen, bei denen die Blattadern grün bleiben, während das Blattgewebe heller wird, hilft Eisendünger.

Verwendung

Zitrusfrüchte enthalten reichlich Vitamin C sowie Mineralstoffe und belegen bei der weltweiten Obstproduktion Platz eins. Allerdings werden einige Zitrusgewächse hauptsächlich wegen ihres Reichtums an ätherischen Ölen geschätzt, die vor allem aus den Schalen der Früchte und aus den Blättern gewonnen werden. Dazu gehören die Zitronatzitrone ebenso wie die Bitterorange (Pomeranze), aus der die berühmte englische Orangenmarmelade hergestellt wird, oder die Bergamotte, deren ätherisches Öl wichtiger Bestandteil von Earl-Grey-Tee und Kölnischwasser ist. Auch alle anderen Zitrusöle werden vielfältig verwendet – als Lösungsmittel, als Duft- und Geschmacksstoff in der Kosmetik- und Lebensmittelindustrie und auch in der Aromatherapie.

Tipp: Die meisten Zitruspflanzen können in Mitteleuropa nur als Kübelpflanzen gehalten werden, da sie frostfrei überwintert werden müssen. Sträucher bzw. kleine Hochstämme von Granatapfel, Bougainvillea, Wandelröschen, Olivenbaum, Lagerströmie oder Oleander sind die ideale Ergänzung. Gemeinsam mit wohlriechenden Zwergsträuchern wie Lavendel, Thymian oder Rosmarin kann man eine südländisch anmutende Kübellandschaft schaffen.

Buntblättrige oder panaschierte Calamondinorange (x *Citrofortunella microcarpa* 'Variegata')

Zitronen-Badesalz

Badesalz kann man in wenigen Minuten ganz einfach selbst herstellen. Dieses Zitronen-Badesalz verströmt nicht nur einen herrlich frischen Duft, sondern sieht in einem schönen verschließbaren Glasbehälter auch hervorragend aus. Das perfekte Geschenk!

Für das Badesalz benötigt man:

- 1 Bio-Zitrone
- 1–2 kleine Zweige Rosmarin
- 5 EL Totes-Meer-Salz
- evtl. 1 TL Honig (wirkt zusätzlich pflegend)
- 1 verschließbares Glas

So wird's gemacht:

❶ Die Schale der Zitrone abreiben und mit dem Rosmarin, dem Meersalz und eventuell dem Honig vermengen. Alles zusammen in ein verschließbares Glas füllen – fertig ist das selbstgemachte Zitronen-Badesalz. Jetzt ab in die Wanne, „abtauchen", entspannen und vom nächsten Urlaub träumen! ❷ Das Badesalz kann man auch in größeren Mengen vorbereiten – das Salz wirkt konservierend. Einzig den Honig sollte man immer erst frisch dazugeben.

Achtung! Furocumarine aus der Zitronenschale können bei Personen mit empfindlicher Haut zu Hautirritationen führen. Als Alternative können z. B. frische Lavendelblätter verwendet werden.

Starke Pflanzen

Pflanzenstärkung und Schädlingsbekämpfung

Eine nachhaltige Gartenpflege fördert gesunde Pflanzen und das biologische Gleichgewicht. Dabei helfen Präparate zur Pflanzenstärkung und der Einsatz von Nützlingen. Auf Pflanzenschutzmittel – egal ob biologisch oder konventionell – kann weitgehend verzichtet werden.

Die Gärten von Schloss Trauttmansdorff haben in den vergangenen Jahren schrittweise vom Pflanzenschutz auf Pflanzenstärkung umgestellt. Wir setzen weder konventionelle noch biologische Pflanzenschutzmittel ein, sondern verwenden organische Dünger, Pflanzenextrakte, Komposttees und Mikroorganismen. Diese machen den Boden lebendig und die Pflanzen stark und widerstandsfähig. Auch auf das biologische Gleichgewicht wird geachtet, damit Nützlinge und Schädlinge sich die Waage halten. Wir bearbeiten eine Fläche von zwölf Hektar mit einer großen Pflanzenvielfalt, wofür eine große Menge an Pflanzenstärkungsmitteln ausgebracht werden muss. Nicht immer ist es möglich oder sinnvoll, diese selbst herzustellen, deshalb greifen wir meist auf im Handel erhältliche Produkte zurück. Wer mit einer kleineren Menge an Stärkungsmitteln auskommt, kann viele dieser Mittel auch selbst herstellen.

Ökologisches Gärtnern

Eines sei vorweg gesagt: Wer in seinem Garten auf chemisch-synthetische Pflanzenschutzmittel verzichten will und stattdessen zu pflanzenstärkenden Mitteln greift, der braucht Geduld und Ausdauer. Da kann schon mal die Rosenhecke dem Mehltau zum Opfer fallen und die Weinrebe ihre Blätter traurig hängen lassen. Dann ist vor allem eines gefragt: experimentieren und ausprobieren! Bis der richtige Stärkungstrank für die Pflanzen zusammengestellt ist, kann manchmal etwas Zeit vergehen.

Beim ökologischen Gärtnern geht es darum, die richtige Balance zu finden und zu tolerieren, dass die Pflanzen nicht immer perfekt aussehen. Wenn die Stärkungsmittel aber erst einmal wirken, dann zahlt sich die Mühe aus: Das Ergebnis ist ein Garten oder Balkon voller starker Pflanzen – ohne schädliche Pestizide und im Einklang mit der Natur. Wenn auch du auf Pflanzen-

↖ Echter Mehltau auf den Blättern der Banks-Rose (*Rosa banksiae*)

↑ Wollläuse auf Zitruspflanze (*Citrus*)

← Schneckenfraß an Funkienblättern (*Hosta*)

schutzmittel verzichten willst, solltest du nicht nur deine Pflanzen stärken, sondern auch auf einen gesunden Boden, die Auswahl der geeigneten Pflanzen und des richtigen Standortes sowie die Förderung von vielen fleißigen Nützlingen achten.

Gesunder Boden

Besonders wichtig für die Pflanzengesundheit ist ein lebendiger, reich mit Mikroorganismen besiedelter Boden. In einem einzigen Gramm Boden finden sich Milliarden an Bakterien, Pilzen, Algen und Einzellern. Um dieses Bodenleben nicht zu (zer-)stören, sollte die Erde schonend bearbeitet und mit einer Mulchschicht vor rauer Witterung und Austrocknung geschützt werden. Die beste Unterstützung für einen lebendigen Boden bieten Kompost und Komposttees – sie decken als organischer Dünger nicht nur den Nährstoffbedarf der Pflanzen, sondern erhöhen gleichzeitig auch die Zahl der Mikroorganismen im Boden und verbessern die Bodenstruktur durch einen höheren Humusanteil.

Der pH-Wert des Bodens ist ebenfalls von Bedeutung für das Pflanzenwachstum, denn ein ungünstiger pH-Wert kann die Nährstoffaufnahme behindern. Um den genauen pH-Wert zu ermitteln, empfiehlt sich eine Bodenprobe.

Pflanzen- und Standortwahl

Naturnahes Gärtnern startet mit der Auswahl der Pflanzen und ihren Ansprüchen an Boden und Klima. Vor dem Pflanzenkauf sollte geklärt werden, welchen Standort diese bevorzugen: Sonne, Halbschatten oder Schatten, hoher oder geringer Wasserbedarf müssen dabei ebenso wie die Winterhärte berücksichtigt werden. Schlechte Standortbedingungen beeinträchtigen Wachstum und Entwicklung der Pflanze und verursachen Stress – und gestresste Pflanzen sind anfälliger für Schädlinge und Krankheiten. Pflanze und Standortbedingungen müssen also zusammenpassen. Zusätzlich empfiehlt sich die Auswahl spezieller Sorten, die über eine besondere Krankheits- und Schädlingsresistenz verfügen.

Nützlinge

Nützlinge bestäuben Blüten, halten Schädlinge in Schach, sorgen für den Aufbau von Humus und stellen den Wurzeln Nährstoffe bereit. Ein naturnaher Garten mit vielen heimischen, ökologisch wertvollen Pflanzen mit einfachen, ungefüllten Blüten bietet Bestäubern ein reichhaltiges Büffet und lädt sie zum Bleiben und Wiederkommen ein. Damit das ganze Jahr über Nektar und Pollen als Nahrung vorhanden sind, ist Vielfalt – in Form verschiedener Pflanzen und unterschiedlicher Blühzeitpunkte – wichtig.

Nützlinge können gekauft werden. Diese werden vor allem in Gewächshäusern eingesetzt, doch Florfliegenlarven (gegen Blattläuse), Raubmilben (gegen Spinnmilben) oder verschiedene Nematoden (gegen Dickmaulrüssler, Engerlinge und Maulwurfsgrillen) erfüllen auch im Freiland ihren Dienst. Doch nur wenn im Garten keine für das Bodenleben schädlichen Pflanzenschutzmittel verwendet werden, können sich solche Nützlinge dauerhaft ansiedeln. Wenn der Garten nicht genügend natürliche Unterkünfte bietet, können Insektenhotels eine sinnvolle Ergänzung sein.

Organische Düngung und Pflanzenstärkung

Gesunde, kräftige Pflanzen sind weniger krankheitsanfällig und stecken einen Befall leichter weg. Dabei helfen organische Dünger und pflanzenstärkende Mittel: Sie tragen dazu bei, dass die Pflanze Abwehrstoffe ausbildet, die es angreifenden Pilzen, Bakterien oder Schädlingen sehr viel schwerer machen, sich anzusiedeln. Gleichzeitig kann die Pflanze dem Boden leichter die benötigten Nährstoffe je nach Bedarf entnehmen.

Zum Einsatz kommen Kompost, Komposttees, Brühen, Jauchen und ver-

Stoff/Repellent	Anwendung
Ackerschachtelhalm	Als Brühe/Jauche: Alle frischen Austriebe regelmäßig bespritzen. Wirkt gegen Pilzerkrankungen und Schädlinge wie z. B. Spinnmilben und Blattläuse.
Backpulver	Gegen Echten Mehltau als Backpulvermischung (10 g in 1 l Wasser auflösen). Pflanzen damit tropfnass bespritzen.
Brennnessel	Als Jauche allgemein stärkend und gesund erhaltend, wirkt auch gegen Pilzerkrankungen. Wird gespritzt.
Chili	Vertreibt, in eine Jauche oder Brühe gemischt, als Spritzung schädliche Insekten wie z. B. Zikaden bei Tomatensträuchern.
Komposttees	Zur Gesunderhaltung und Kräftigung damit all jene Pflanzen gießen, die gegenüber Pilzerkrankungen empfindlich sind, z. B. Rosen gegen Echten Mehltau.
Knoblauch	Als Jauche/Tee: Zur Gesunderhaltung und Stärkung von Pflanzen, die gegenüber Pilzkrankheiten empfindlich sind. Vertreibt auch schädliche Insekten/Käfer wie z. B. Blattläuse. Wird gespritzt.
Milch oder Molke	Milch/Molke mit Wasser gemischt im Verhältnis 1:9. Hilft als Spritzung bei Pflanzen, die gegenüber Pilzkrankheiten wie z. B. Echten Mehltau empfindlich sind.
Rainfarn	Rainfarn vertreibt saugende Insekten wie Blattläuse, Weiße Fliegen, aber auch Raupen, und wirkt gegen Falschen Mehltau. Wird gespritzt.
Zitronen- und Orangenöle	Sehr gut gegen Wollläuse oder Schmierläuse. Achtung: Nur bei Temperaturen unter 20 °C spritzen!
Zwiebel	Als Tee/Jauche: Allgemein kräftigend, hilft Pflanzen, die gegenüber Pilzinfektionen empfindlich sind, z. B. Beerensträucher und Obstbäume; Abwehr der Karottenfliege. Wird gespritzt.

Tabelle in Anlehnung an die Bewegung „Natur im Garten“, insbesondere deren Publikation „Ökologischer Pflanzenschutz im naturnahen Garten“ von Elisabeth Koppensteiner, München 2016

schiedene organische Dünger. Ideal sind Bodendünger, die Mykorrhiza-Pilze enthalten. Diese vergrößern die Oberfläche der Wurzeln und die Pflanzen können dadurch mehr Nährstoffe und Wasser aufnehmen.
Wichtige Ausgangsstoffe für pflanzenstärkende Mittel sind Brennnessel, Ackerschachtelhalm oder Knoblauch. Als abschreckende Mittel, sogenannte Repellents, dienen ätherische Öle wie Zitronen- und Orangenöle, die mit ihrem intensiven Geruch Schädlinge von der Pflanze fernhalten.

Grundrezepte

Pflanzenbrühe:
1 kg Pflanzenmaterial mit 10 l Wasser übergießen und 24 Stunden ziehen lassen, aufkochen und 20 bis 30 Minuten leicht köcheln; anschließend abseihen. Die Brühe wird im Verhältnis 1:5 verdünnt von Frühling bis Sommer alle 2 bis 3 Wochen über die Pflanzen gespritzt.

Pflanzenjauche:
1 kg Pflanzenmaterial in einem Kübel mit 10 l Wasser 14 Tage gären lassen, dabei gelegentlich umrühren. Die fertige Jauche wird im Verhältnis 1:10 bis 1:20 verdünnt alle 1 bis 2 Wochen zu den Wurzeln gegossen. Etwas Steinmehl, auf die Oberfläche gestreut, bindet den unangenehmen Geruch.

Komposttee:
Kompost in einen Stoffbeutel füllen und über Nacht in einen Eimer Wasser hängen. Der Komposttee kann anschließend verdünnt einmal pro Woche zu den Wurzeln gegossen werden bzw. man kann damit die gesamte Pflanze übergießen, dann wirkt der Tee als Spritzung und Düngung zugleich. Im Handel sind auch Fertigprodukte erhältlich.

Beim Ausbringen mancher Pflanzenstärkungsmittel sind die richtigen Ausgangsstoffe und die passende Dosis entscheidend. Hier geht Probieren über Studieren – zuweilen braucht es mehrere Versuche, bis man die richtige Mischung in der richtigen Dosis herausgefunden hat und das Ergebnis den Erwartungen entspricht. Grundsätzlich

Ausbringung von Pflanzenstärkungspräparaten am Sternjasmin (*Trachelospermum jasminoides*)

gilt: Stärkungsmittel früh am Morgen oder am Abend ausbringen und niemals bei direkter Sonneneinstrahlung, sonst kann es zu Verbrennungen kommen. Zudem sollten die Mittel gelegentlich gewechselt werden, damit die Schädlinge sich nicht daran gewöhnen.

Ein Nachteil der Pflanzenstärkung: Der Effekt hält nur relativ kurz an, etwa sieben bis zehn Tage, und alles, was nachwächst, ist ungeschützt. Daher müssen die Stärkungsmittel mindestens alle zwei Wochen angewendet werden, um ausreichend Schutz zu gewähren. Auch nach einem Regenguss sollten die Pflanzen erneut mit den Stärkungsmitteln behandelt werden. Während der Umstellung auf eine ökologische Gartenpflege können Stärkungsmittel auch in Kombination mit herkömmlichen Pflanzenschutzmitteln angewendet werden, allerdings sollten die verschiedenen Behandlungen immer getrennt voneinander durchgeführt werden, da wenig über die Verträglichkeit von konventionellen und biologischen Produkten bekannt ist.

Ein kleiner Tipp noch:
Manche Pflanzenstärkungsmittel können ganz schön stinken. Wohlriechende Zitrusöle können den unangenehmen Geruch etwas überdecken.

Das sagt unser Obergärtner

Gegen Schädlinge muss man nicht immer mit irgendwelchen Mitteln vorgehen, gerade am Anfang reichen meist manuelle Maßnahmen: Schädlinge wie Kartoffelkäfer, Kohlweißlingsraupen oder Schnecken kann man nämlich auch absammeln oder abbürsten. Schnecken lassen sich vor allem frühmorgens oder spätabends aufsammeln. Triebe, die stark von Schädlingen befallen sind, schneidet man am besten ab. Kranke Pflanzenteile sollten immer sofort entfernt werden, um eine weitere Ausbreitung zu verhindern. Wichtig dabei: Immer scharfe Werkzeuge verwenden und häufig desinfizieren, um die Übertragung von Krankheitserregern zu vermeiden!

Oliver Urlandt

Schädling/ Krankheit	Schadbild	Vorbeugung/Bekämpfung
Insekten		
Blattläuse (Aphidina)	Die Blätter kräuseln sich und rollen sich ein. Die Pflanze weist einen klebrigen Belag und Kolonien von Blattläusen auf.	• Brennnesselextrakt spritzen • Schmierseifen-Lösung spritzen • Rapsölpräparate spritzen
Dickmaulrüssler (*Otiorhynchus sulcatus*)	Die Käfer fressen an den Blättern: Am Blattrand entstehen typische eingebuchtete Fraßstellen. Die Larven fressen an den Wurzeln.	• Einsatz von Nützlingen, etwa der Nematoden *Heterorhabditis bacteriophora* • Rainfarn- oder Knoblauchextrakt spritzen • Wermuttee spritzen
Kastanienminiermotte (*Cameraria ohridella*)	Miniergänge; Blätter verfärben sich auf der Oberseite braun, rollen sich ein und fallen ab.	• Rapsölpräparate spritzen
Lavendelkäfer (*Chrysolina americana*)	Fraßspuren; befallene Pflanzenteile verfärben sich braun und können abfallen.	• Zweimalige Spritzung mit Knoblauchjauche oder -extrakt, evtl. mit Zitrusöl versetzen, um den strengen Geruch zu überdecken.
Maulwurfsgrillen (Gryllotalpidae)	In Böden und feuchten Wiesen finden sich Löcher mit fingerdicken Gängen; es können sich auch Kahlstellen im Rasen zeigen.	• Bei starkem Befall den Nützling *Steinernema carpocapsae* einmal im Frühjahr und einmal im Herbst einsetzen. Er ist im Gartenmarkt erhältlich und lässt sich im Kühlschrank aufbewahren.
Napfschildläuse (Coccidae)	Saugschäden an Stämmen und Blättern, verminderter Wuchs, starke Honigtaubildung	• Einsatz von Nützlingen: verschiedene Schlupfwespen, z. B. *Metaphycus flavus*
Raupen (Lepidoptera)	Blattfraß, Bohrlöcher	• *Bacillus thuringiensis*, Präparat im Handel erhältlich. Es ist jahrelang haltbar, muss nur einmal über die Raupen gespritzt werden.
Spinnmilben (Tetranychidae)	Vermehren sich rasant, wenn es länger heiß und trocken ist. Sie bedrohen Zitrusfrüchte, aber auch Rosen oder Schilf. Sie verursachen gelbe punktförmige Aufhellungen der Blätter und Blattvertrocknungen. An den Pflanzen treten Gespinste auf.	• Präparate auf Basis von Kräuterölen spritzen • Brennnesselextrakt spritzen • Ackerschachtelhalmextrakt: Alle frischen Austriebe regelmäßig spritzen

Thripse (Thysanoptera)	Sprenkelungen, weißliche oder gelbliche Flecken oder flächige, teilweise silbrig schimmernde Areale	• Einsatz von Nützlingen: verschiedene Raubmilben, z. B. *Amblyseius cucumeris*
Weiße Fliege (*Trialeurodes vaporariorum*)	Saugschäden ähnlich der Blattlaus; klebrige Pflanzenteile. An der Blattunterseite Eier, Larven und flugfähige, weißliche Tiere, ca. 2 mm groß.	• Einsatz von Nützlingen, etwa der Schlupfwespe *Encarsia formosa* • Schmierseifen-Lösung spritzen
Woll- bzw. Schmierläuse (Pseudococcidae)	An Blättern und Trieben sind weiße, watteähnliche Schädlinge sichtbar, oft sind ganze Pflanzenteile damit überzogen.	• Zitronen- und Orangenöle, aber Achtung: Ätherische Öle in verdünnter Form nur bei Temperaturen unter 20 °C spritzen! • Rapsölpräparate spritzen
Andere Tiere		
Schnecken (Gastropoda)	An Blättern und Pflanzentrieben tritt Schabefraß auf, auf Pflanzenteilen und Boden finden sich Schleimspuren.	• Lebermoosextrakt spritzen • Dünger auf Basis von Zitronensäure streuen • Bierfallen aufstellen
Pilze		
Echter Mehltau (Erysiphales)	Weißer, mehlartiger und abwischbarer Pilzbelag auf Blättern, Stängeln, Blüten und Früchten. Kann sich später auch dunkler verfärben. „Schönwetterpilz“: Echter Mehltau tritt bevorzugt bei sonnigem und trockenem Wetter auf. Blätter und Triebspitzen werden geschädigt oder trocknen vollständig ein.	• Backpulvermischung spritzen. Damit wird der pH-Wert auf der Blattoberfläche verändert und eine saure Umgebung geschaffen, die schlecht für Mehltau ist. Allerdings muss nach jedem Regen erneut gespritzt werden, damit die Wirkung erhalten bleibt. • Stärkung durch Gießen mit Komposttee • Molkepulver im Verhältnis 0,1 % mit Wasser gemischt spritzen • Ackerschachtelhalmextrakt regelmäßig auf die sich neu bildenden Triebe spritzen
Falscher Mehltau (Peronosporales)	Blattoberseits gelbe Flecken, die durch die Blattadern begrenzt, oft auffällig eckig sind, später weißlich grauer Pilzbelag auf der Blattunterseite, der nicht abwischbar ist.	• Pflanzenstärkungsmittel mit phosphorigen Säuren spritzen • Ackerschachtelhalmextrakt spritzen • Gesamte Pflanze mit Komposttee übergießen
Grauschimmel (*Botrytis cinerea*)	Grauer Schimmelbelag auf Blättern, Blüten und Früchten	• Knoblauchextrakt spritzen • Ackerschachtelhalmextrakt spritzen

Monilia-Spitzen-dürre oder Monilia-Fruchtfäule (*Monilinia*)	Pilzerkrankung an Triebspitzen oder Früchten, bei Kern- und Steinobst. Spitzendürre: Triebspitzen welken rasch, Blüten und Blätter trocknen ein, Triebspitze stirbt ab. Fruchtfäule: Kleine Faulstellen breiten sich rasch kreisförmig auf der Frucht aus. Graubraune Schimmelpolster entstehen.	• Ackerschachtelhalmextrakt spritzen • Weidenrindenextrakt spritzen • Knoblauchextrakt spritzen
Rostpilze (Pucciniales)	Blattoberseits gelbliche, manchmal auffällig gefärbte Flecken (orange bei Birnengitterrost). Blattunterseits staubige gelbe, rostrote oder schwarze Sporenlager, teilweise auffällige „Auswüchse".	• Ackerschachtelhalmextrakt spritzen
Schorf (*Venturia inaequalis*)	Olivgrüne Flecken an den Blättern, die sich später dunkelbraun verfärben. Die braunen Stellen trocknen aus und es bilden sich Risse. Früchte werden im Sommer befallen.	• Schachtelhalmextrakt spritzen • Backpulvermischung spritzen
Schrotschuss-krankheit (*Stigmina carpophila*)	Pilzkrankheit an Steinobst: Im Frühjahr bilden sich karminrote und dunkelrot umrandete Flecken an den Blättern. Das Innere dieser Flecken vertrocknet und fällt schließlich heraus.	• Ackerschachtelhalmextrakt spritzen
Sternrußtaupilze (*Diplocarpon rosae*)	Auf der Blattoberseite runde braun- bis violettschwarze Flecken, die an den Rändern strahlenförmig auslaufen. Blätter vergilben und fallen schließlich ab; weit verbreitet bei Rosen.	• Brennnesselextrakt spritzen • Komposttee auf die Blätter sprühen oder die gesamte Pflanze übergießen • Ackerschachtelhalmextrakt spritzen

Tabelle in Anlehnung an die Bewegung „Natur im Garten", insbesondere deren Publikation „Ökologischer Pflanzenschutz im naturnahen Garten" von Elisabeth Koppensteiner, München 2016

Viele der hier genannten Präparate, Öle und Nützlinge besorgt man sich am besten im Fachhandel. Dies gilt auch für die genannten Extrakte, da fertige Produkte oft zusätzlich mit nützlichen Mikroorganismen angereichert sind. Die genannten Extrakte können aber auch durch die entsprechenden Jauchen oder Brühen ersetzt werden.

Grundanwendungen

Schmierseifen-Lösung:

Ca. 10 bis 20 g Schmierseife in 1 l Wasser auflösen und über die Pflanze spritzen (mit wenig anfangen und schauen, ob es wirkt; ggfs. Schmierseifendosis erhöhen). Die Schädlinge müssen direkt getroffen werden. Unter der Seifenlösung ersticken alle Insekten, egal ob nützlich oder schädlich. Deshalb unbedingt außerhalb der Flugzeit von Bienen oder anderen Nützlingen spritzen (z. B. abends). Hilft vor allem gegen Läuse.

Backpulvermischung:
10 g Backpulver mit 1 l Wasser gut vermischen und morgens sowie nach jedem Regen die Pflanzen damit tropfnass spritzen.

Bierfalle:
Bierfallen locken Schnecken hervorragend an. Dafür im Beet Becher eingraben, die etwa zur Hälfte mit Bier gefüllt sind. Die Schnecken trinken ein wenig und der Alkohol lähmt ihre Fußmuskeln. Sie fallen ins Bier und ertrinken.

Weiterführende Literatur:

Elisabeth Koppensteiner: Ökologischer Pflanzenschutz im naturnahen Garten, München 2016.

Fiona Kiss / Andreas Steinert: Handbuch Pflanzenschutz im Biogarten, Innsbruck 2018.

Das sagt unser Obergärtner

Die Gärten von Schloss Trauttmansdorff haben eine Grundmischung zusammengestellt, die wir etwa einmal im Monat über fast alle Pflanzen sprühen. Zitruspflanzen besprühen wir zweimal monatlich damit und gießen sie zusätzlich mit etwas Eisendünger, dann werden die Blätter schön dunkelgrün und kräftig. Dies gilt auch für Bambus und Hortensien. Unsere Grundmischung enthält verschiedene Grundstoffe und Stärkungsmittel wie Schachtelhalm, Brennnessel, Knoblauch, Chili, Molkenextrakte und verschiedene Kräuter. Patentrezept gibt es dafür noch keines. Probiere doch selbst einmal aus, welche Mischung in deinem Garten die besten Ergebnisse bringt.

Oliver Urlandt